付言《ふげん》実行《じっこう》

遺言書に魂を込め幸せ相続を迎えるために

行政書士 **木本 直美** 著

ビジネス教育出版社

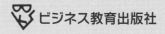

はじめに

わたしが遺言を書くお手伝いをしていて気がついたこと

たくさんの方の遺言作成のお手伝いをさせていただく中で、気づいたことがあります。それは、遺言をする前と後で、遺言する人の顔つきが全然違うということです。遺言は、元気なうちに解決しておきたい課題があるから書くものです。書くまではその課題がいつも気になっているのですが、遺言を書くことによって課題が解決できるので、気がかりから解放されて明るい気持ちになります。だから、遺言を書いたあとは、晴れ晴れとした明るい表情になるのかもしれません。

ある時、こんなことがありました。

78歳のトモ子さんは、ひとり暮らしで脚が少し不自由でした。出かけるときは姪御さんからプレゼントされた花柄の杖をついています。いつも気遣ってくれる姪御さんに財産をすべて譲るための遺言書を作成するためにわたしの事務所に来られたのでした。

公証役場で遺言書を作成する日、トモ子さんは花柄の杖に頼りながら、ゆっくりとした足取りでやってきました。公証役場は階段を上がった2階にあるのですが、階段を上がるときも足がおぼつかない感じです。見ていてハラハラしましたが、トモ子さんはようやく2階にたどりついて、遺言書の作成が始まりました。

トモ子さんにとっては公証役場も遺言も生まれて初めてです。緊張のあまり顔面蒼白になっているので、隣にいたわたしはまたハラハラしながら、なんとか持ちこたえてほしいと心の中で祈りながら見守っていました。

公証人から遺言の内容についていくつか質問をされて、緊張しながらもしっかりした口調で答えきったトモ子さん。公証人から「はい、お疲れさまでした。完成しましたよ」と遺言書を手渡された瞬間、パアッと晴れやかな表情に変わったのです。青ざめていた顔が紅潮しています。「ありがとうございました！」すっくと立ち上がり、スタスタと歩き出したのです！

「トモ子さん、ちょっと待って！　杖！　杖忘れてますよ！」あわてて追いかけて杖をお渡ししましたら、トモ子さんは「あら！　忘れてた！」ニコニコ笑っています。杖を小脇に抱えて意気揚々と帰って行くうしろ姿は背筋がシャキッと伸びています。しっかり前を見て歩くトモ子さんの背中は「わたしはやるべきことをやり遂げた！」と達成感に満ち溢れているように見えました。

遺言を書いた人は、もれなくトモ子さんと同じような晴れ晴れとした表情になります。まるで「この遺言は、わたしがこれまで生きて来た『証』よ！」とでも言いたげに、目がきらきらと輝くのです。

トモ子さんが遺言を書こうと思ったきっかけは、姪御さんに財産を譲るためなのですが、結果としてそれだけでは終わりませんでした。遺言を書こうと決心し行動を起こしたことがきっかけとなって、必然的にトモ子さんは改めて人生を振り返り、78年分の棚卸をしました。その結果「わたしはここまでがんばって生きて来た」と自身を讃え、幸福感や満足感を得ることができたのです。

これはトモ子さんに限ったことではありません。遺言を書いた人は、人生最後の日を迎えたときに「あれをしておけばよかった」「なぜこれをしなかったのだろう……」と後悔することがありません。伝えたい相手に伝えたいことが伝わるよう遺言書で言語化できていますから、余裕をもってその日を迎えることができるのです。

特に本書では、遺言を書く前に「付言」を書くことを提唱しています。「付言」とは遺言書の本文のあとにつけ加える〝添え書き〟で、法的な効力はありません。だからこそ自由に自分の心と向き合うことができます。自分の心に向き合って、自分はどのように生きて来たのかをふり返り、どのように人生のゴールを迎えたいのか考えた上で、どんな遺言を書くのがふさわしいか、じっくり想いをめぐらせてみましょう。そうすれば遺言を書くのがぐっと楽になります。

「まず付言を書く」→「次に遺言を書く」→「そして安らかなゴールを迎える」。この3ステップを実行することで余生が変わります。そのためには「付言」こそが肝要だとわたしは思っています。

あなたやあなたのお父さんお母さんにも「遺言を書いて良かった！」と実感していただきたいのです。その実行のために最後までわたしが伴走させていただきます。

目次

第5章　ステップ2　そして「遺言」を書く

第6章 ステップ3「遺言」を書いたあとのこと

おわりに

第 1 章

安らかなゴールを迎える遺言書３ステップ

◆本書の使い方

本書では、安らかなゴールを迎えるための「遺言」を簡単に書くため、以下に挙げる2つのウォーミングアップと3つのステップをご提案しています。これから説明する手順にしたがってひとつずつ実行してみてください。

ウォーミングアップ1　～遺言を定義する～

人が100人いれば人生も100通りありますから、遺言も一人ひとりまったく違うものになります。あなたが書くとしたらどんな遺言がふさわしいですか？　あなたにとって遺言とはどのような意味や価値を持つのか考えてみましょう。4つの例を挙げますので、「わたしの心に一番近いのはどれかな？」と思いをめぐらせながら読んでみてください。

ウォーミングアップ2　～自分の人生、生きた「証」を考える～

あなたがこれまでの人生で成し遂げて来たものは何ですか？　また、成し遂げようとしたものは何ですか？　生きた「証」と呼べるものはありますか？

仕事に精を出し立派な家を建てた人もいるでしょう。何年も努力を続けて資格を取った人もいると思います。子どもを一人前に育て上げた人もいるでしょう。長年続けた趣味も大切な「証」ですね。あるいは大切な誰かと紡いできた心のつながりや愛情かもしれません。事例を参考にしながらあなたの生きた「証」を見つけてください。

ステップ1　～「付言」に思いを込める～

あなたが「遺言を書こう」と思う理由は何でしょうか？　財産の分け方を決めておきたいから？　お世話になった人にお礼を言いたいから？　だれかを守りたいからかもしれませんね。遺言書で何を実現したいのか、誰にどんな思いを伝えたいのかなど、事例を参考にしながら、一筆箋でも書くような軽い気持ちで「付言」を書いてみましょう。法的な効力はないので形式にこだわる必要はありません。手帳の空いたページでもチラシの裏でも良いので、コーヒーでも飲みながら「わたしが遺言を書くとしたら、一番大事なポイントは何かしら？」自分の心の奥深くに聞いてみてください。

ステップ2　～そして「遺言」を書く～

「付言」に込められた想いが、あなたが「遺言」を書く理由です。「付言」を具体化するようにあなたの財産の分け方を決めて、コピー用紙1枚に書いてみましょう。大切なのはできるだけシンプルに書くこと。必ず書かなければいけないことや、書き方のルールはほんの少しです。難しく考えずに必要最小限のことだけを文字にしてください。最後に「付言」を忘れずに。それがあなたの「遺言書」です。いくつか見本を載せていますので参考にしてください。

ステップ3　～遺言を書いたあとのこと～

「遺言」は書いたあとも大事です。どこに、どのように保管するのか？　安心して託せる場所や人を見つけてください。書いた遺言を安心できるところに保管できたら、あとは安らかなゴールを迎える日まで、1日1日を楽しみましょう。

さあ、今から『安らかなゴール』を迎えるために、生きた「証」として遺言を書きましょう。この本を手に取ってくださった、あなたやあなたのお父さんお母さんが、自分だけの遺言を書いて安らかなゴールを迎えられるよう、お手伝いさせていただきます。

第 2 章

ウォーミングアップ１
安らかなゴールを迎える
ための「遺言書」とは

～「遺言書」ってなあに？～

（1）何のために、誰のために「遺言」を書きますか？

テレビのワイドショーなどで相続や遺言書について特集されているのをご覧になったことがあると思います。

「遺言書がないと争族になるかも?!」「遺言書がないと死んだら銀行口座が凍結されて大変なことになりますよ！」。脅しの効いた特集が続々と組まれています。そのようなタイトルの本や雑誌もあります。世間は「死んだあと家族に迷惑をかけないために遺言を書くべき」論一色です。現実問題として、遺言書がないよりはある方が相続手続きはスムーズに進むことが多いです。だからといって、死んだあと家族に恨まれるかもしれないからと追い込まれて遺言を書くのもなんだか切ない話ではあります。

わたしは日ごろ相続手続きのお手伝いをさせていただいていますが、経験上ほとんどのご家庭はもめることもなく淡々と進みます。家族や相続人の間で多少の意見の食い違いがあったとしても、争いというほどのことにはなりません。

とはいえ、無口だったお父さんが家族への想いや願いを伝えないまま他界してしまったら、家族はどんな気持ちになるでしょうか？

「お父さんは自分が築き上げた財産を、本当はだれにあげたかったんだろう？」とか「お父さんはいつも朝から夜遅くまで仕事ばかりで、家族と過ごす時間はほんの少ししかなかったけれど、幸せな人生だったのかな？」と疑問に思うかもしれません。

認知症になって同居の娘さんが介護をしていたお母さんが亡くなってしまったらどうでしょうか？　いつかはその日が来ると覚悟していても、いざ実際にお母さんが亡くなってしまったら「お母さんはわたしが介護したことを喜んでくれていたのかな……何かひと言でいいから嬉しいとかありがとうとか、何かしらお母さんの口から出た言葉を聞きたかったな……」と寂しさを覚えるかもしれません。お母さんは生前、どんな「ありがとう」を娘さんに伝えたかったのでしょうね？

亡くなった今となっては本人に確かめることはできないわけですから、家族の疑問や寂しさが消えることは生涯ありません。遺された家族にとっては酷ですね。あなたの死後、遺された人たちが寂しい思いをせずに済み、答えの出ない疑問のせいでモヤモヤせずに済むよう今のうちに解決しておきたいですよね。

ここで話題にするのは不謹慎かもしれませんが、１９８５年に起きた日本航空１２３便の墜落事故で亡くなった男性が手帳に書き残した遺書をご紹介します。事故の数年後、ネットで見つけて強い衝撃を受けたことを今も鮮明に覚えています。

ママこんな事に
なるとは残念だ
さようなら
子供達の事を
よろしくたのむ
今六時半だ
飛行機は
まわりながら
急速に降下中だ
本当に今迄は
幸せな
人生だったと感謝している

いわゆる遺言書とは書かれた状況も内容も違いますが、まもなく自分の命が絶たれると悟った人が、どうしようもない状況下で恐怖と闘いながら妻に宛てて書いた最後の手紙です。恐ろしくてたまらなかったはずですが、妻に子供の成長を託し、感謝を伝える手紙です。これだけは言っておかなければ死んでも死にきれない、そんな思いだったただろうと思います。

これは緊急事態下でとっさに書かれた遺書ですので、遺言書と同列で語るのは無理がありますが、自分がこの世を去ったあと、これだけは伝えておきたいことや気がかりなことはあなたにもあるのではないでしょうか。

伝えたいことや気がかりの解決策を遺言書というかたちで言語化しておくことにより、遺される家族にとって心のよすがになるだけでなく、あなた自身の気持ちも楽になります。遺言を書いた日から人生最後の日まで、後顧の憂いなく安心して過ごせることでしょう。いよいよ人生最後の日が近づいても安らかな気持ちでゴールを迎えられるよう、遺言を書くことをお勧めします。

ただ実際には「遺言を書くのは難しい」と思われがちです。たしかに法律や書き方のルールから考えはじめると、脳みそが凍り付き、息も詰まりそうです。

でも法律やルールよりもっと大事なことがあります。それは「なぜ遺言を書くのか」です。「なぜ遺言を書くのか」は「遺言を書くことによって何を解決したいのか」です。解決したいことがわかれば、その解決策を遺言に書けばよいのです。

「わたしは資産家ではないから書く必要を感じない」という人がいますが、資産家であろうがなかろうが、解決したい問題があるなら解決策を書いた方が良いのです。

「うちの子どもたちは仲が良いから大丈夫」という人もいますが、ほんとうにそうでしょうか？　仲が良かったはずの兄弟姉妹に亀裂が入るのはたいてい親の遺産分割のときです。あなたの財産の分け方を決める責任を子どもたちに丸投げするのは、めんどうなことから逃げているだけではないですか？

それぞれの家族にそれぞれ違う歴史や財産があり、相続のかたちは千差万別です。家族構成も異なる上、時間とともに変化しますので、いざ相続となったときにどんな事態になるか予想がつきません。だからこそ、すべての人が死後どういうかたちにしたいか遺言書で遺志を明らかにした方が良いのです。

遺言を書く理由は一人ひとり違います。書く理由が明らかになれば「どんな遺言を書くか」はおのずと決まってきます。実は遺言書に求められるルールはそれほど厳密ではありません。いくつかの原則を守れば大丈夫。あとはそのまま書くだけです。ほとんどの人にとって遺言を書くのは生まれて初めての経験です。不安はあるでしょうが、よほど複雑な内容でない限り、初めての人でも書けますので安心してください。

遺言や相続関係の本の多くは「家族に迷惑をかけないため」「争族を避けるため」「相続税に対応するため」など相続する人のための目的が重視される傾向にあります

が、本書は〝遺言を書いた人が満足すること〟を一番大切にしています。遺言書を英語ではWillといいます。遺言する人の意思（遺志）を書面にしたものが遺言書です。遺言は、自分の満足のために書きましょう。

また本書では、遺言書の書き方のマニュアル的な要素やテクニック・ノウハウなどの技術的な側面より、心情・人生観・個性に重点を置いて解説しています。

遺言は、書く前に人生を振り返り自己を肯定し充実感を味わうことができます。課題を明らかにし解決策を言語化することによって心が軽くなり、気分が晴れ晴れします。そして書き終えたあとは安心して過ごすことができるのです。そしていよいよ人生最後の日が来たら、安らかな気持ちで微笑んでゴールを迎えましょう。「遺言を書いてよかった」。将来きっとそう思えるはずです。

（2）ありがちな勘違い

ア．「遺言を書いたらお金を使ってはいけない」

相談に来た人からよく聞くセリフに「遺言を書いたら自分のお金を使えなくなる。

そうしたら明日から生きていけないから遺言なんて書かない」というのがあります。

これは完全な誤解です。遺言した時に1000万円の財産があるとすると、一旦遺言を書いたら、1000万円から1円も減らしてはいけないと思ってしまうのですね。

でも、そんな心配はありません。1000万円の預金を持つ人が「遺産の2分の1を妻に、あとの2分の1を長男に相続させる」と遺言書に書いたとします。そして数年後、遺言を書いた人が亡くなったときの遺産が500万円に減っていた場合、妻が250万円、長男が250万円相続することになります。

極端な話、遺言を書いたあと、有り金を使いに使って、亡くなった日の預金がほとんど0円近くになっていたとしても問題はありません。まあ実際に0円だと葬式代をどうするのとか他の面では問題かもしれませんが、法律違反になるといった心配は無用です。

わたしの個人的な意見ですが、自分の財産は自分のために使えばよいのです。子孫に残すために親が財産を使わずに我慢する必要はないと思います。

イ．「遺言を書いたら家を売ってはいけない、引越しもできない」

これもアのケースと同様で、遺言を書いたあとで遺言に登場する不動産を売却しても引越しても問題ありません。「自宅の土地建物は夫に相続させる」と遺言を書いたあとで考えが変わることは、長い人生ですから十分あり得ます。戸建ての持ち家に住んでいた人が、遺言を書いたあとで老後の生活資金のために家を売って賃貸マンションに引越してもかまいません。

遺言書は遺言する人のためのものであり、相続させる人に恩恵を保証するものではありません。約束を破ったひどい人ということにはなりませんので、ご安心ください。

ウ．「遺言を書いたら変更することはできない」

これも誤解です。遺言書は何度でも書き直すことができます。前に書いたものを一度白紙にして、全く新しい遺言を書くこともできますし、前に書いたものは生かしつつ部分的に書き換えることもできます。

遺言書は原則として日付の新しいものが優先されますので、部分的に書き換えたときは、あとから書いた部分だけが上書き修正されます。

判断力があるうちは何度でも内容を変更することができますので、「気が変わったらまた書けばいい」ぐらいの気持ちで安心して書いてください。

毎年お正月に新しく書き直すことを恒例行事にしている人もいます。このやり方は、年の初めのけじめとしても良さそうですし、そのときの最善の内容に更新できるのでお勧めです。

エ．「遺言を書いたら家族に見捨てられる」

これは一家の大黒柱である男性にときどき見られる誤解です。

「遺言を書いて遺産の分け方を決めてしまえば、あとは用済みだから大事に扱わなくてもよい」と家族が思っていて、高齢になって弱っても介護や看護をしてもらえず放置されると、なぜかこのお父さんは思い込んでいるようなのです。

家族から「お父さん、そろそろ遺言を書いてくれないかな」と言われることがあるかもしれません。家族は先々の家の運営が心配だからお願いしているのであって、お父さんをそそのかして遺言を書かせてあとは姥捨て山に捨てに行こうなどとは爪の先ほども考えていないはずです。

それに、家族から頼まれたからといって、家族が望むとおりの遺言を書く必要もありません。「家はわたしに」「預金はぼくに」とせがまれても、従う必要はありません。あなたが良いと思うとおりにすればよいのです。

それでも心配なら、条件付きの遺言書にしましょう。条件付きというのは文字通り「○○をしてくれたら」と条件を付けた上で、だれに何を相続させるかを記すものです。

たとえば「わたしが死ぬまで同居し、死後は葬儀と納骨まで責任をもってやってくれたら二女の○○に５００万円相続させる」という具合です。条件が満たされなければ二女は５００万円を相続することはできません。遺言書は遺言する人が満足するためのものですから、少々強気でいた方が健全だと思います。

オ．「遺言書の内容は相続人の同意を得なければならない」

だれがこんなことを言い出したのか不思議でならないのですが、遺言書で財産の分け方を決めるとき、相続人に「お母さんの財産は死んだらこう分けようと思うけど、かまわない？」と子どもたちに許可を得なければならないと思い込んでいる人が少なくありません。

遺言を書いた方が良いですよとお勧めすると「長女は大丈夫だと思うけど二女が納得しないと思うので」と言って書こうとしないのです。あなたが自分の遺言を書こうというのに、子どもや配偶者など相続人の許可を得る必要はありません。ご自身が満足できる内容の遺言を書けばよいのです。どうぞ安心して書いてください。

（3）遺言書は『生きた証』である

2022年現在、日本人の平均寿命は男性81歳、女性87歳です。わたしは相続や遺言書作成、任意後見などを仕事として行っている関係上、高齢者と接する機会が多い方だと思います。現在8名の方と任意後見の予約契約をしており、そのうちのおひとりは95歳の女性です。白髪は手入れが行き届いてお肌はツルツル。朗らかで若々しくて驚くばかりです。

「わたしはもうこの年だからね、ここがパアなのよ」と笑いながら頭の横で人指し指をくるくる回すところなど、おちゃめでユーモアたっぷりですが、実は幼い頃、遠い親類の家に里子に出され、そこで大変辛い思いをしたそうです。今では一部上場企業の株式をたくさん保有する資産家で、数年前、甥御さんと姪御さんに遺贈する遺言書を作成しました。

また88歳の男性は元校長先生で、長身で肩幅が広く背筋がピシッとしています。きっと背広がお似合いだろうなあと、往年の雄姿が目に浮かぶような紳士です。息子さんがふたりいるのですが、近くに住んで面倒をみてくれている二男さんにすべてを相続させる遺言書を作成しました。このところ体調が思わしくなかったのですが、遺言書を作成するときは不調をものともせず毅然とした態度を通された姿が見事でした。

この年代の人たちを見ていると、昭和の戦中戦後を生き抜いて高度成長期を作り上げて来た強靭な精神力に、ただただ感嘆します。

64歳の介護職の女性は、見るからに穏やかな雰囲気です。専業主婦でしたが夫が生活費を入れてくれないため、家を出てひとりで暮らしはじめ、自分で稼いだお金でマンションを買いました。万一、夫より先に自分が死んでも、夫にマンションや預貯金を相続させるつもりはない、と、すべてを一人娘に相続させる遺言書を作成しました。お話を聞いて相当な苦労人であることがわかりましたが、おくびにも出しません。やわらかい物腰の奥に秘めた芯の強さに驚かされました。この女性も遺言した後「これでいつ何があっても安心です。ほっとしました」と笑顔で帰って行きました。

この方々のほかにもたくさん遺言書のお手伝いをしていますが、皆さんに共通するのは、生きざまが遺言書に現れるということです。貧困や戦争、家庭内の不遇などさまざまな試練や苦難がありながらもたくましく生きて、その道中で築き上げた財産をお持ちです。これこそ生きた「証」です。

そして天寿を全うしたあと、「証」を誰に引き継ぐのか決めて記したものが遺言書です。遺言書にはお金や不動産のことが書いてありますが、それらの財産は財産を築いた人の生き様が形になったものです。もしかすると遺言書とは「わたしは生きて、努力して、これだけの財産を築き上げました」と天にいるご先祖さまに報告する報告書という性質もあるのかもしれません。

ですから遺言書で指名された相続人は、財産を受け継ぐだけでなく、遺言者の生き様をも受け継ぐことになるのです。

（4）遺言は『表彰状』である

遺言書とは自分の死後、財産をどのように分けるのかを決めておくものですが、お金や財産の分け方が遺言書のすべてだとしたら、なんだか自分のまわりの人たちに値付けをするようで、書く方も書かれる対象の人も、あまり良い気がしないという人もいるかもしれません。

遺言書が果たす役割はそれだけではありません。遺言書は自分の人生の総決算であり、自らの功績をたたえる『表彰状』でもあるのです。

どんなに恵まれた環境に生まれた人でも、天寿を全うするまですべて思い通りになる人などいないはずです。子どものころ勉強が苦手だったり、走るのが遅くて運動会が苦痛だったり、思春期なら自分の性格や容姿に劣等感があったり……なんらかの悩みをだれもが持っています。年齢が上がっても悩みは続きます。家が貧しくて進学できないとか、就職氷河期で正社員になれないとか。努力しても報われない悔しい経験もしているこことでしょう。

わたしたちは皆、試練や苦難を乗り越えようと必死で生きています。けれど試練も苦難も悪いことばかりではありません。苦しさに耐えて人生経験を積み重ねていくうち、徐々に忍耐力や問題解決力が身につき、精神的にもたくましくなって、成長を実感できる日が来るはずです。成長の過程で培われた精神力や思想は、金銭に代えられない価値があります。あなたが人生で得た精神や思想を「遺言」という形の自らの『表彰状』として記し、子孫に伝えつつ、自分を讃えましょう。

(5) 遺言書は『ラブレター』である

先ほどの日航機墜落事故に限らず、航空機墜落現場で見つかる遺書の内容は、分類すると「ありがとう」「ごめんね」「愛している」の3種類なのだそうです。痛ましい例ですが、死が差し迫ったときに伝えたい感情はこの3つに集約できるといってよさそうです。

恋人や夫婦間の愛情だけでなく、親子の愛情はもちろん友情もあります。死を目前にしておそらく人生最後の言葉になるであろう「ありがとう」や「ごめんね」は、大切な人への言葉に違いありませんから、「愛している」からこその「ありがとう」や「ごめんね」なのかもしれません。だとすると3つとも「愛している」を伝える言葉です。

「愛している」は、日常生活であまり使われない言葉です。というか、「愛している」だなんて、日本人の国民性からして思っていても言えない人が大半だと思います。ですから、「愛している」という感情を「ありがとう」とか「ごめんね」といった別の言葉に含ませて贈るのでしょう。照れ屋の日本人も遺言書でなら堂々と「愛している」と言えるのではないでしょうか？　なんといっても遺言書が読まれるときにはもうあなたはいませんので、照れくささは激減しますよね？

もしあなたに「愛している」と伝えたい相手がいて、今は照れくさくて口に出せないのなら、ぜひ遺言書でその気持ちを伝えましょう。「言わなくてもわかっているはず」は言い訳です。そんなの通用しません。生きているうちに伝えることができないのなら、せめて遺言書で伝えましょう。そう、遺言書は愛情や感謝を伝える最後のチャンスなのですから。

（6）遺言書は自分亡きあとの『代弁者』である

遺言書でできることのうち大切なこととして、あなたの死後、あなたの代わりに誰かを守る役割を持たせることができます。

たとえばあなたが独身で子どももがなく親戚も近くにいないとします。将来、認知症になったときや重篤な病気になったらどうしますか？　選択肢としては、民間や公的機関の見守りサービスを契約したり任意後見人を決めて契約しておく方法などがあります。あるいは近所に面倒見のよい人がいたら、もしものときのことをあらかじめお願いしていくことができるかもしれませんね。あるいは事実婚のパートナーにお世話になる人もいるでしょう。

あなたの判断能力が失われたときに備え、契約書を交わして正式に仕事としてお願いしていれば問題はほとんど起きないのですが、ご近所だからという親切に甘えてお世話になる場合や、籍が入っていないパートナーにお願いする場合は注意が必要です。そのご近所の人やパートナーは、あなたとの信頼関係や愛情でお世話をしてくれるのですが、あなたが亡くなったあと、その人たちの立場は一転して危うくなります。いざ相続という段になって、親族が集まると、ご近所の人やパートナーは赤の他人ということで部外者扱いされてしまうからです。

ですからお世話になった近所の人なりパートナーにお礼がしたいのであれば、必ず遺言を書いておかなければなりません。

そして忘れずに「付言」を書きましょう。「付言」ではご近所さんなりパートナーに大変お世話になったこと、深く感謝していること、お礼をしたいと強く願っていることなどをしっかりと説明してください。そうすることで初めて、親切にしてくれた人の立場を相続人たちから守ることができるのです。

あなた亡きあと、生前よくしてくれた人を守るために遺言書はあなたの代弁者となって役に立ってくれます。

第3章

ウォーミングアップ2
自分の人生、生きた「証」を考える

～あなたの「人生」を聞かせてください～

(1)『生きた証』を遺したチエ子さん

わたしが遺言書の作成をお手伝いしたうち、これまでの最年長者であるチエ子さんは、相談にいらしたとき、94歳でした。90歳を超えて自分の意思で公正証書遺言を作ろうと行動する人にお目にかかったのは初めてです。こう言っては失礼ですが、とても94歳とは思えない強い意志と決断力、そして行動力が印象的でした。

チエ子さんは自宅のほかにアパートを2軒お持ちです。何度かチエ子さんのお宅にお邪魔して、子どもの頃は大家族の末娘として大切に育てられた話から結婚や出産のいきさつ、アパートを手に入れるまでのストーリーを伺いました。わたしは高齢の方のこのようなお話を伺うのが大好きで、1時間2時間はあっという間に過ぎてしまいます。お年寄りの話を聞くのは苦手という人が少なくないのですが、その方の人となりをうかがい知る貴重なチャンスです。そして何より、お年寄りのご様子は、わたし自身もいつか行く道であり、将来の自分を垣間見るような気分になります。お話を伺い、生きる姿をそばで見ているだけで学ぶことがたくさんあるのです。また、何時間でも喜んでお付き合いするところが好まれるのか、高齢の方からのご相談が絶えません。

ところでチエ子さんにはふたりの娘さんがいます。長女のけい子さんは結婚して県内に住んでおり、二女のひろ子さんは実家でチエ子さんと暮らしています。同居しているひろ子さんは毎日かいがいしくチエ子さんのお世話をしています。母娘の会話はまるで掛け合い漫才のようで、そばで見ていてなんとも微笑ましいものです。

チエ子さんは「娘ふたりがけんかしないように遺言書を作りたい」といいます。「長女のけい子さんに全財産の4割、生活の面倒をみてくれている二女のひろ子さんに6割相続させる」がチエ子さんの口ぐせでした。その話が始まるとひろ子さんは「ほーらまた始まった」と笑うのですが、チエ子さんの財産は自宅とアパート2軒です。現金のようにスパッと6：4に割ることはできないので、チエ子さんの希望通りに分けるには遺言書がある方が良いのです。

アパートや自宅は、チエ子さんがご主人と築きあげた汗と涙の結晶です。結婚したとき、ご主人は昔の電電公社にお勤めでしたが、若いふたりの生活は楽ではありませんでした。生活費の足しにとチエ子さんは近所の人にリヤカーを借りて、野菜や魚の行商を始めました。

小柄なチエ子さんが引くリヤカーの行商は、大儲けとまではいきませんが毎日コツコツと日銭を稼ぎ出しました。そして毎晩、売上を数えては、空き缶に入れるのが日課だったそうです。毎日少しずつ着実に貯まっていく空き缶の数は2つになり3つになり、とうとう近所のアパートを買い取るほどになりました。

アパートを買った後もチエ子さんはリヤカーでの行商を続け、数年後にはアパートをもう1軒購入します。アパート2棟を経営する大家さんとなった夫妻の生活は徐々に安定していきました。そしてチエ子さんは近所でも評判の働き者として知られるようになったのです。

70歳を過ぎたころ、ご主人が亡くなりました。それからまた20年が経ち、94歳になったチエ子さんは「そろそろわたしにもお迎えが来るから、準備しておかなくては」と、ご相談に来られたのです。

チエ子さんの人生を幸せで満足なものにしてくれたふたりの娘さんとアパートは、若い頃の苦労などどこかに消し飛んでしまうほどの「人生の証」です。

チエ子さんは人生の第3コーナーをまわり、そろそろ終盤が見えてきていました。まだまだ元気で認知症にもなっていませんが、自身の行く末と、60代になった娘さんたちの老後を考えると、財産を上手に分け与えなければと思うようになったそうです。チエ子さんの「証」であるアパートがもとで姉妹がけんかするようになっては元も子もありませんから。

そこでチエ子さんは、チエ子さんの老後の生活面を一手に引き受けたひろ子さんに不動産の権利と家賃収入の6割を相続させることにしました。別居している長女のけい子さんがそれで納得しないはずはないと、自信をもってそのような遺言書を作成したのです。

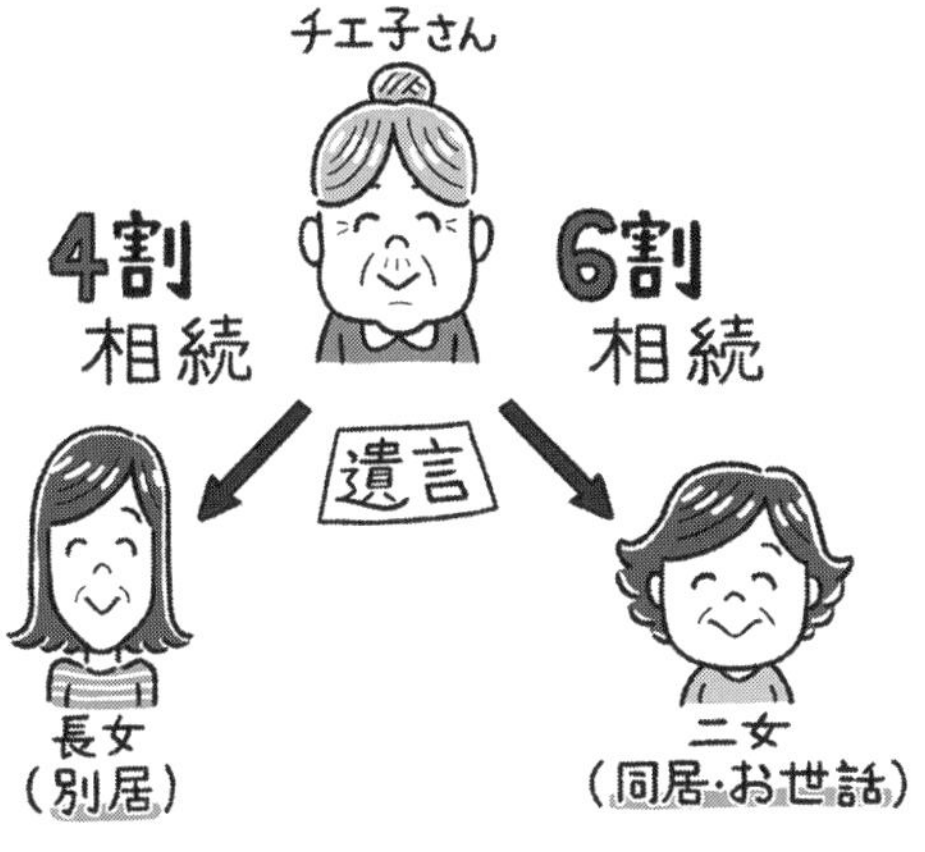

公正証書遺言ができ上ったあと、チエ子さんはわたしの手を握って、「遺言書ができて安心しました。これで安らかな気持ちで旅立てます。ほんとうにどうもありがとう」と目にいっぱい涙をためていました。お礼を言いたいのはわたしの方ですよと思いながら、チエ子さんの小さな手を握り返しました。それから3年後、97歳で旅立ったチエ子さんは最後まで笑顔を絶やすことはありませんでした。会うたびに「わたしは幸せ者。思い残すことはひとつもない、早くお父さん迎えに来てくれんかな」と言っておられたのが今も忘れられません。

（2）『表彰状』で遺志を伝えたかったわたしの父

遺言はお金や不動産などの経済的価値のある財産だけではなく、生き方や思想を遺すこともできる例としてお伝えします。

69歳でこの世を去ったわたしの父は、昭和15年に京都で生まれました。翌年から太平洋戦争がはじまり、幼い頃家族とともに兵庫県の山村に疎開しました。

勉強が好きだったのですが、家は貧しく、高校進学は夢のまた夢でした。中学校卒業と同時に神戸市内の電機会社に集団就職し、いわゆる高度経済成長の真っただ中を生きた世代です。働きながら夜間高校に通い高卒の学歴を得ました。それでもどんなに仕事をがんばっても大卒の社員がどんどん父を追い越して出世していくのでした。自分の方が高い成果を出しても、学歴が高卒というだけでこんなに扱いが違うのかと長年悔しい思いを募らせていたそうです。

定年を5年後に控えた1995年、近畿地方を阪神淡路大震災が襲います。定年後も会社勤めを続けるつもりだった父は、震災で多くの人が命を落としたのを目の当たりにして人生観が変わりました。「人生何があるかわからない。自分も明日死ぬかもしれない。やりたいことをせずに後悔するのはいやだ」

そして2000年の定年退職後すぐ大学に進学したのです。夢に見た大学でむさぼるように教科書を読みました。4年間みっちり勉強して大学の卒業証書を手にした父は、これまで見たことがないほど胸を張って誇らしげでした。

2年後、父は癌を発症し、わたしが44歳で大学院の入学式を翌日に控えた4月4日、病院で息を引き取りました。わたしへの最後の言葉は「わしがいなくなっても大学院はあきらめるな、なんとしてもやり遂げろ」でした。

若い頃学びたくても学べなかった父は、何歳になっても学び続けることが大きな意味のあることだと、わたしに伝えたかったのだと思います。

遺言に「付言」をつけることによって遺志を伝えられると知っていれば、子孫に自分の生き方や思想を伝え遺すことができるのです。自分の生き方を「付言」付き遺言で遺すことは、自分を認めて讃え鼓舞する自分への『表彰状』といっても良いでしょう。

遺言書は財産の分け方だけでなく、生き方や思想を伝える手段でもあるのです。父には遺言や付言の知識がなかったので遺言を書くことなく逝ってしまいましたが、わたしは父の言葉があったからこそ働きながら3年間大学院をがんばり通すことができました。もし父の遺言書があれば宝物として大切にしただろうと思います。

(3)『ラブレター』で愛する人を守ったみち子さん

癌が見つかったとき、みち子さんは3度目の結婚をして3年目の83歳でした。その日のうちに遺言すると決めたそうです。遺言の内容は、夫には1円も遺さず、すべて一人娘に相続させるというものでした。

夫の竜介さんは寂しがりやで話し好き。2人目の妻を病気で亡くした後、ひとり旅をしていたときに出会ったのがみち子さんです。明朗快活でさっぱりした性格のみち子さんに竜介さんは一目ぼれ。おふたりとも出会ったときすでに80歳です。「今さら結婚なんて面倒だわ」と渋るみち子さんを口説き落として一緒になりました。みち子さんが作る食事を、竜介さんは毎日毎食「美味しい、美味しい」と喜んで食べ、ふたりで仲良く暮らしていたのです。けれども、みち子さんの病は静かに着実に進行していました。

ある日、私の携帯電話の着信画面にみち子さんの名前が表示されました。遺言したことをみち子さんは竜介さんに伏せており、「こっそり遺言したことが竜介さんに知れたら困るので、決して連絡して来ないで欲しい」と強く言われていた私は、遺言後、一度も連絡したことはありません。

そのみち子さんから電話がかかってきたのです。思いつく理由はひとつしかありません。案の定、「癌が進行し死期が近いのでホスピスに入院しました」という報せでした。「わたしはあと何日もつかわかりません。わたしが死んだら必ず娘に遺産を渡してくださいね」と繰り返します。「今まで気丈に頑張って来られたのですから、もうひと頑張りしましょうよ」。やっとのことで口から出た言葉が涙声になるのをこらえるわたしに「わたしのことはもういいから、娘を頼みます」と、みち子さんはどこまでも冷静です。

実はみち子さん、娘さんとは何年も前から疎遠で、ほとんど連絡を取り合っていません。感情の行き違いがあってから電話をかけても出てくれないといいます。みち子さんにとって娘さんはかけがえのない存在で、なんとか仲直りしようとしていましたが、一度できてしまった心の溝を埋めるのは容易ではないようでした。

人生の最終日が間近に迫っている人にとって、長年かかって築き上げた財産を子どもに渡すことは最大の愛情表現なのかもしれません。そんな親心がなんとか娘さんに伝わるといいなと思わずにいられませんでした。

みち子さんには若い頃から複雑な事情がありました。2度目の離婚後は洋裁で身を立てて娘さんを育てあげたそうです。戸籍調査をした折、みち子さんが大変な苦労をしてきた人だということはすぐにわかりました。戸籍は、誰が、どこで、誰と誰の子として生まれたか、誰と結婚して、何という名前の子を産んだかなどを証明する文書です。事実だけを淡々と記録していく公文書ですから、本来、情緒が入り込む余地はありません。ところが往々にして、戸籍は現にそこに記された文字数をはるかに超える多くを語ります。

その人の来し方や生き様が浮かび上がり、「家」や「人」の歴史が垣間見える珍しい文書だと思います。戸籍をたくさん見るうちにわかってきたことですが、昭和初期やそれ以前に生まれた女性は、結婚、離婚、養子縁組、養子離縁などを繰り返す人が少なくありません。

当時は女性の人生に与えられる選択肢は今よりずっと少なく、職業も限られていました。みち子さんに限らずシングルマザーとして生きるのは今以上に大変だったはずです。生きるためにどんな苦しい選択をせざるを得なかったのだろうかと、見ていて身につまされるような戸籍を持つ方が少なくないのです。みち子さんもそんな戸籍の持ち主でした。苦労しながら愛娘を育てたみち子さん、詳しいことはおっしゃいませんでしたが、娘さんと連絡がつかなくなったことを気に病んでいるのは明らかでした。

ところでみち子さんは苦労の甲斐あってかなりの財産を築き上げていました。みち子さんが竜介さんより先に亡くなったら、遺言がなければ、財産の半分は竜介さんが相続することになります。

次に竜介さんが亡くなると、竜介さんがみち子さんから相続した財産は、竜介さんと前妻の子が相続することになります。つまりみち子さんの遺産の半分が血のつながらない竜介さんの子に渡るということです。みち子さんは夫の竜介さんを深く愛していますが、苦労して築き上げた自分の財産は血を分けたわが子に渡したい、そう強く願って3年前ひそかに相談に来られたのでした。

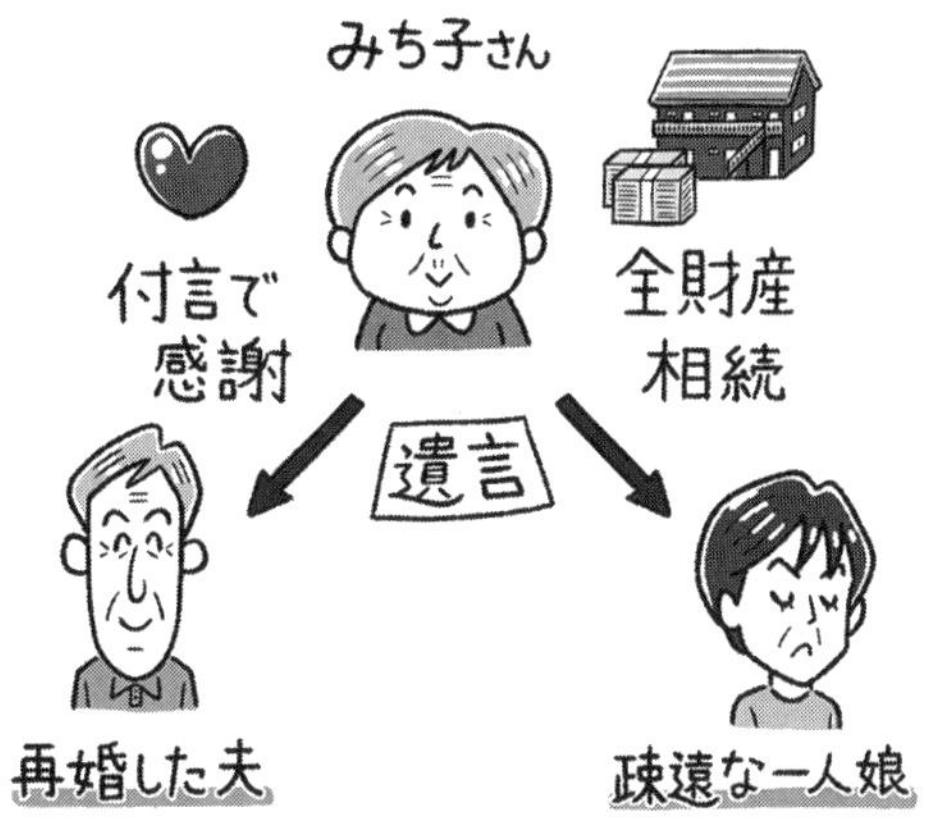

みち子さんは財産をすべて娘さんに相続させるという遺言を作成することにしました。そして「付言」の冒頭で竜介さんへの愛情と感謝を述べることにしました。みち子さんが竜介さんに内緒で遺言したことで、竜介さんの心を傷つけたくなかったのです。葬儀の際

の喪主は竜介さんにお願いすることとしました。本来、喪主を誰にするか遺言にわざわざ書くことはありません。なぜなら、夫である竜介さんが喪主を務めるのはごく一般的なことですし、みち子さんの遺言書を竜介さんが読むのは葬儀が済んだ後になることもあるからです。ですがここは竜介さんの立場や気持ちを気遣い、信頼と愛情をしっかり伝えるためにも、あえて書くことにしました。

入院して1ヶ月後の早朝、みち子さんはホスピスで静かに息を引き取りました。竜介さんにみち子さんから預かっていた遺言書を手渡しますと、「遺言書があるなんてまったく知らなかった」と驚いておられましたが、時間をかけて何度か読み返したあと穏やかな表情で「みち子の気持ちはよくわかりました」とだけおっしゃって、遺言書をカバンにそっとしまいました。

みち子さんの遺言の目的は、娘さんにすべてを相続させることです。一方、「付言」の目的は竜介さんの気持ちを傷つけることなく遺言の内容を承服してもらうことです。

今ごろ、みち子さんは「遺言を書いて良かった」と喜んでくれていると信じています。

※竜介さんは配偶者であり法定相続分が2分の1です。遺言書で相続分0とされていても、相続開始から1年以内に遺留分侵害額の請求をすることにより2分の1の2分の1、つまり全体の4分の1を取り戻すことができます。

〈遺留分侵害額の請求とは〉

被相続人が財産を遺留分権利者以外に贈与または遺贈し、遺留分に相当する財産を受け取ることができなかった場合、遺留分権利者は、贈与または遺贈を受けた者に対し、遺留分を侵害されたとして、その侵害額に相当する金銭の支払を請求することができます。これを遺留分侵害額の請求といいます。

※遺留分侵害額の請求調停→180ページのURL参照

（4）『代弁者』に甥っ子を守ってもらうテラダさん

タカシさんが大好きなおじさんとおばさんのテラダ夫妻は80歳になりました。ふたりとも全盲です。子どもの頃からタカシさんはいつもふたりのそばにいて、家事を手伝ったり買い物について行って荷物を持って歩いたり、常に寄り添って育ちました。大人になっても変わることなく車で病院への送り迎えを担当したりして、夫妻の暮らしを支えて来ました。

夫妻は鍼灸院を開いており、腕の良い鍼灸師としてずっと仕事をしています。ふたりとも持病もなく健康ですが、80歳になってから少しずつ足腰が弱って来たようです。家の中の少しの凹凸も熟知して転ぶこともなかったのですが、最近は平らな床の上でさえつまずきそうになることがあるといいます。

そんな夫妻の姿を見てタカシさんは「元気でしっかり者のおじさんおばさんも、転んで骨折したり、それがきっかけで認知症になるかもしれない」と不安を感じてわたしの事務所に来られたのです。

お話を伺ったわたしは、タカシさんと夫妻が任意後見人契約をしておくことを提案しました。後見人とは、たとえば高齢のため認知症や寝たきりになったときに、お金の管理や医療契約を代わりにしてくれる人のことです。後見人には法定後見人と任意後見人の2通りがあります。法定後見人はすでに判断力がない人のために家庭裁判所が選任します。任意後見人は将来自分がお世話になりたい人をあらかじめ決めて、判断力があるうちに契約しておくものです。

あわせて生前事務委任契約も結んでおけば、この先おじさんおばさんが病気や車椅子生活になり外出できなくなったとしても支え続けることができること、死後事務委任契約を結んでおけば、将来亡くなったときに役所の手続きや葬儀などをタカシさんが一手に引き受けることができることを説明しました。おじさん、おばさんのどちらが亡くなっても、遺された方がひとりで役所や年金関係の届け出や葬儀、納骨の手配をすることは困難です。生前事務、任意後見、死後事務委任契約の3つは、夫妻をずっと手助けしたいというタカシさんにぴったりでした。

後日タカシさんとテラダ夫妻と盲導犬がわたしの事務所に依頼にいらっしゃいました。その際、わたしはテラダ夫妻にもうひとつ「遺言書も一緒に作ってはいかがですか」という提案をしました。夫妻にはお子さんがいないので、亡くなると相続人は兄弟姉妹になります。兄弟姉妹が先に亡くなっていれば相続権はその子、つまり甥や姪になります。甥や姪やタカシさんの従兄弟たちが遺産分割協議をすることになります。けれども、遺言書で指定しておけば財産をあげたい人に相続させることができるのです。

　そのことを説明しますと「わたしたちのどちらが先に亡くなっても、最終的にすべてタカシくんに受け取ってもらいたい」との強い希望でしたので、その通りの遺言書を作りました。

　テラダ夫妻にとってタカシさんは、わが子のように身近な存在であり、暮らしを支えてくれた恩人であり、よき理解者です。タカシさんに受け取ってもらいたいというのはごく自然です。

　けれどひとつ気になることがあります。すべての財産をタカシさんが受け取った場合、他の相続人たちはどう思うでしょうか？　万が一にも「財産欲しさでお世話していたのでは？」などと言われたらタカシさんが気の毒です。

　テラダ夫妻にとって、遺言書は生活を支えてくれたタカシさんに感謝を伝えるだけでなく、タカシさんの立場をも守るものでなければなりません。夫妻は遺言書の最後に書き添える「付言」に心を込めることで、タカシさんを守りたいと考えました（具体的にどんなふうに心を込めて、どんな「付言」を書いたのかは第4章（4）事例イで詳しく解説しています）。

おふたりともまだまだお元気で仕事も続けておられますが、タカシさんによると少しずつ弱って来ているとのこと。

「おじさんとおばさんのことは最期までぼくが守ります。遺言書を作成したおかげで以前にもまして絆が深まったと感じています」とおっしゃっていました。

ここまで4組の人生に触れてきましたが、どのように感じましたか？　遺言を書く理由は人それぞれです。財産の分け方を自分の希望通りに決めておきたいからとか、親族がもめないようにという理由だけではないということがおわかりいただけたのではないでしょうか。

遺言書は、自分の『生きた証』として書く人もいれば、自分への『表彰状』のような意味合いを持つこともあります。大切な人に死後も愛情を伝える『ラブレター』であったり、大切な人を守るため自分の代わりに弁明してくれる『代弁者』として書いたりもするのです。

遺言書の本文だけでは伝えきれない想いやねらいがあるときは、「付言」に心を込めることで、遺言書はより力強いものになります。次の章では「付言」について解説していきます。

第 4 章

ステップ1
「付言」に想いを込める

(1) なぜ「付言」を考えてから遺言を書くのか

「不言実行」という四字熟語を聞いたことがあると思います。不言実行の意味は「あれこれ言わず、善いと信ずるところを黙って実行すること」です。(出典:広辞苑)

もしあなたの身近なだれかが、あれこれ言わずに黙々と行動して大きな成果を出したとします。その成果を目にしたあなたは「なんて意志の強い人なんだろう」「信用できそうな人だな」と思うのではないでしょうか。

でもこの本のタイトルは「不言実行」ではなく、『付言実行』です。「付言? ナニそれ?」と思われたかもしれません。「付言」とは、遺言書の最後の添え書き部分のことです。必ず書かなければならないというわけではなく、書きたければ書く、あるいは、書いた方が良いときに書きます。いわば手紙の最後に書く追伸のようなもので、法的な効力はありません。つまり「付言」に何を書こうが遺言の中身が変わることはないということです。

では何のためにわざわざそんなめんどうなことをするのでしょう? 遺言書の本文には「誰に」「何を」「どれだけ」相続させるかを書きます。事務的に正確に書く必要があります。正確に書けば法的な効力を持たせることができますが、つじつまの合わないことが書いてあったり、不正確だったりすると無効になってしまうこともあり得ます。

「付言」は、遺言書の本文に効力のあることを書いた後、手紙の追伸のような感じで書き足します。「最後にひとこと申し添えます云々」という感じです。書いても書かなくてもよいし、書いたからといって遺産の分け方が変わったり、相続させる人が替わったりすることはないのですが、意外なほど重要な役割を果たすことがあるのです。

あなたにもし遺言を書く理由があるなら、まず先に「付言」を書くことをお勧めします。なぜこういう遺産の分け方にしたのかを「付言」で伝えることで、遺された人たちが理解、納得しやすく、場合によっては嫌な思いをせずに済むからです。遺言を書こうと思い立ったら、まずはじめに「付言＝遺言を書く理由」を明らかにしましょう。そうすれば本文に書くべき内容がおのずと決まって来るというわけです。

（2）「付言」でできること

「付言」に何を書くかというと、挨拶のようなあたりさわりのないことを書くこともできますが、多くの場合「遺言を書く理由」だということは先ほど申し上げた通りです。

遺言の本文に書くことは「自分の死後、財産をどう分けるか」です。たとえば遺言を書く人の相続人が、配偶者と子どもふたりの計3名である場合、法律通りに分けると、配偶者2分の1、ふたりの子がそれぞれ4分の1ずつということになります。でも、100％配偶者に相続させたいとか、障がいのある子に多めに相続させたいという場合もあります。身内には一切相続させず、他人に遺贈したいという人もいます。

法定とは違う分け方をしたい人には必ず何か理由があります。たとえば、子どもはふたりとも稼ぎが良くてお金の心配はないので、妻がゆとりある余生を過ごせるようにすべて相続させたいとか。たとえば同居して介護してくれた子に多く相続させたいとか。あるいは、知人に自分の葬儀や納骨をお願いするので、お礼としてすべて知人に受け取ってもらいたいとか。

そのようなときには遺言が必要です。ただ、分け方だけが書かれた遺言書ですと、理由が判然としません。もらえるはずと期待していた相続人が「なぜもらえないの?」とがっかりしたり、「あの人だけたくさんもらえるのは納得できない」と他の相続人を恨んでしまうかもしれません。また「そそのかして遺言を書かせたのでは?」などと疑心暗鬼になり、人間関係がギクシャクしてしまうことも考えられます。

これではせっかく書いた遺言が仇になってしまいます。これは遺言に込めた想いが伝わらなかったことが原因です。

では、どうやって伝えるか。ここで「付言」の登場です。

「付言」に法的な効力がないことは、ここまで何度もお伝えしてきました。でも「付言」だからこそ実現できることがあります。なかなか言えなかった「ありがとう」や「ごめんね」を伝えることができますし、誰かを守ることもできます。

遺言で他の人より多く相続することになった人は、「お気に入りだもんね」とか「自分だけうまく取り入ってずるい」など心無い言葉を投げつけられることがあります。財産目当てで親切にしたわけではないのに、遺産を多く相続したために白い目で見られるのは辛いものです。大切な人にそのような思いをさせないためにも「付言」は役立ちます。「付言」で理由や想いを伝えることで、大切な人を守ることができるのです。

ただし、良い「付言」を書くにはコツがあります。ストレートに「○○さんはわたしに親切にしてくれたので遺産をすべて相続させます」というのは避けたいものです。仮にそれが事実であっても少し婉曲な表現を選んだ方がよいでしょう。「○○さんはわたしに親切だったけど、他の人は不親切だった」と受け取られたら○○さんの立場が悪くなるかもしれませんからね。「財産目当てで親切にしたんだよね？」なんて言われたら悲しすぎますよね。このような残念な「付言」なら書かない方がまだマシです。○○さんに感謝を伝えると同時に○○さんの立場を守るための「付言」を考えましょう。

「付言」でできる特徴的なことを4つ紹介しますので参考にしてください。

ア．特に伝えたい情報を強調することができる

遺言書の中で特に重要なポイントや注目してもらいたい情報を強調することができます。たとえばあなたに長男、二男、長女の3人の子がいて、ぜひ長男に家を継いでもらいたいと願っていて、次のような「付言」を書いたとします。

「あなたが生まれた家は、今は亡きお父さんが家業に励んで建てたものです。あなたが生まれたとき、お父さんが大喜びした顔を昨日のことのように思い出します。できればこれからもあなたが住んでくれたら嬉しいです。あなたが中心となってみんな仲良く暮らしてくださいね」

長男に対して「長男が家を継いでほしい」という願いを伝えることができると同時に、他の相続人に対してはあなたの願いを周知することにもなります。

相続する長男に対しては、あなたの想いを受け止め、理解しようと努めてくれたら十分だという心持で、できるだけ負担にならないような表現を心がけましょう。あなた亡きあとも未来永劫長男を束縛することはできませんから、将来長男がこの家を建て替えても良いし、必要なら売却したってかまわないぐらいの気持ちでいられるとよいですね。

そしてこの「付言」を先に書いたことで本文が考えやすくなります。「価値の高い自宅土地建物を長男に相続させるとすると、二男と長女には何をどのように相続させるか」ということです。本来3人の子どもは3分の1ずつの相続権があるのですが、長男に価値の高い不動産を相続させると不公平になります。そこをどう修正して不公平感を和らげるか考えるきっかけになります。

預貯金を二男と長女に2分の1ずつにして、

投資信託は二男にしよう、

生命保険の受取人は長女に変更しておこうかな……
というふうに続々と案が湧いて来て、遺言書の本文が自然と決まっていきます。

イ．生前伝えきれなかった想いを伝えることができる

遺言書の本文には事務的、具体的なことを書き、「付言」には人間的、情緒的なことを書くことによって、繊細な想いを伝えることができます。

後ほど事例のコーナーで改めてご紹介しますが、全盲のおばさんが甥っ子にすべてを遺贈するという内容の遺言に添えた「付言」は次のようなものです。

「私はご縁に恵まれテルヒコさんと結婚したおかげで、幸せな人生を送ることができました。支えてくださった皆様ありがとうございます。

特に、はるばる北海道から嫁いで来た私に、いつもよくしてくれた甥のタカシ君には心から感謝しています。我が子のような親しみも感じており、私の遺産はすべてタカシ君に受け取ってもらいたいと思っています。

私の気持ちを尊重してくださるよう、どうぞよろしくお願いいたします。」

若くして遠くから嫁いできた全盲の女性（夫も全盲です）、どれほど不安だったでしょう。甥のタカシさんがいつもそばにいて生活を支えてくれたおかげで安心して暮らせた細やかな心情を正直に伝えています。これはタカシさんに感謝を伝える意味もありますが、最大の目的は、タカシさんにすべて遺贈することを他の相続人たちに納得してもらいたいという想いを伝えることです。

ウ．特定の行動を促し注意を喚起することができる

「付言」は遺言書の最後に位置するため、特に目を引きやすいという特性があります。それを利用して、重要な情報を伝えて注意を喚起したり、特定の行動を促すことができます。

たとえば夫に対して「お父さんは時々お酒を飲み過ぎるので心配です。週に一度の休肝日はわたしがいなくなっても守ってくれたら嬉しいです。お父さんの健康を空の上から見守っています」という付言があれば、夫としても休肝日を守ろうと思うのではないでしょうか。

エ．最後のあいさつとして遺言書をきれいに締めくくることができる

遺言書の本文には一般的にあいさつを書くことはありませんが、用件だけで紋切り型だと、なんとなく冷たい印象になってしまいます。特に伝えたいことがなくても、遺言書の締めくくりとして感謝やお別れの温かい言葉を「付言」でつけ加えましょう。たとえば「わたしが生涯無事に暮らして来られましたのは、ひとえに皆さまの温かい励ましや支えがあってのことと感謝しております。ありがとうございました。さようなら。」というふうに結べば、遺言書全体がきれいにまとまります。

以上のように、「付言」には遺言書の本文とは別の性質があることをおわかりいただけたでしょうか？　遺言書の本文が事務的であるのに対し、「付言」は情緒的です。本文では伝えきれなかった願いや根底にある想いを補足説明し、読む人の心に語りかけ、時には行動を促す重要な役割を果たしてくれるのが「付言」なのです。

（3）「付言」の書き方

ア．人生において解決できていない課題を書き出す

遺言書で最も重視すべきは「書く理由」です。まずはメモ用紙でもノートの切れ端でもいいので、あなたの人生で解決できていない課題と、どうしたいかを書き出します。これがあなたが遺言を「書く理由」であり「付言」の種です。

①介護してくれている長男の嫁にお礼を言えていない
②自分亡きあと妻の生活が心配だ
③障がいのある子の将来が気がかりだ
④口論になった子どもと疎遠になってしまっている

イ. 課題の解決策を書き出す

今書き出した課題をどうやって解決したいですか？ 世間の常識とか家族の気持ちに遠慮はいりませんので、今の正直な気持ちを書き出してみてください。大丈夫、だれも見ちゃいません。責められることはありませんから安心して書いちゃってください。

①介護してくれている長男の嫁にお礼を言えていない ↓ お礼をしたい
②自分亡きあと妻の生活が心配だ ↓ 妻の老後の住まいを確保したい
③障がいのある子の将来が気がかりだ ↓ 貯金をたくさん持たせたい
④口論になった子どもと疎遠になってしまっている ↓ 仲直りしたい

ウ．解決策により損をする人や配慮すべき人を書き出す

ではその解決策を採用した場合に、損をする人はだれですか？　不満を持ちそうな人や特に配慮すべき人はだれですか？

①嫁に遺贈すると他の相続人の取り分が減る　↓　他の相続人

②妻に自宅を相続させると子どもたちが不満を持つかもしれない　↓　子どもたち

③障がいのある子に多めに相続させると他の子の相続分が減る　↓　障がいのない子

④疎遠な子は謝罪を受け入れないかもしれない　↓　疎遠な子

これでだれに配慮した「付言」を書くべきかわかりましたね。

エ．「付言」の書き出しを書く

「付言」にはときに本文以上に重要なことが書かれているので、しっかり集中して読んでもらいたいですよね。そのためには、婉曲な言い回しより、できるだけ端的にズバッと宣言します。端的な書き出しは読む人の注意を惹きます。以下の例文を参考にしてください。

「遺言に際し、ひと言申し添えます。」

「わたしが遺言しようと思ったのは、○○について説明しておいたからです。」

「本日遺言するにあたり、お伝えしておきたいことがあります。」

「この遺言書を読む方にお願いしたいことがございます。」

「ぜひわかっていただきたいことがあるので、説明させていただきます。」


やや強い感じの文なのがおわかりいただけると思います。「今から大切なことを言うからしっかり聞いてほしい」「絶対伝えたい」という気持ちではっきり宣言しましょう。

オ．「付言」の結びを書く

「付言」の書き出しを書いたら、主文を書く前に結びを書いてしまいましょう。書き出しとは別の役割を分担するのが結びのあいさつです。「付言」は遺言書の最後に位置するだけあって目立ちます。その結びのあいさつですから、読む人は「あと少しで遺言が終わってしまう。いよいよ本当のお別れなんだ」。しみじみと感傷的な気分で読むことになります。

高らかに宣言した書き出しとは対照的に、結びのあいさつはできるだけ読む人の心を思いやり、温かく優しいお別れのあいさつをしましょう。以下の例文を参考にしてください。


「みなさん、ありがとうございました。さようなら。」

「これまでのご恩に感謝しています。それではごきげんよう。」

「今までいろいろありがとう。元気にお過ごしください。」

「お世話になりました。ごめんください。」

「皆様どうぞお元気で。ありがとうございました。」


結びがきれいだと読み終えた人に良い印象が残るので、遺言の説得力が増します。

カ．「付言」の主文を書くときの心がまえ

それでは「付言」の主文に取りかかりましょう。

「付言」を書くのに堅苦しい決まりはありませんが、言いたいことだけ言って終わり、というのはいただけません。「付言」の目的は、あなたの想いや願いを聞き届けてもらうことです。なんらかの行動や決断を期待する場合もあります。一方的にお願いを押し付けるのでは相手にされないでしょう。読む時点ではこの世にいないあなたの言葉を尊重したくなるような「付言」にしたいものです。そのために有効なポイントが4つありますので参考にしていただければと思います。

・感謝を言葉で伝える

「ありがとう」と言われて怒る人はいません。でも身近で親しい間柄だとつい「わたしが感謝していることはいちいち言わなくてもわかってくれているだろう」とおろそかにしがちです。照れもあるのでしょうが、それは甘えです。残念ながら言葉にしないと伝わりません。大切な人に生前言い足りなかった「ありがとう」をぜひ伝えましょう。

・端的な表現と婉曲な表現を使い分ける

書き出しは「いまから大切な話をします」という

宣言ですから明瞭簡潔な方が効果的です。「付言」の中でここだけは端的な表現を使いましょう。

そのほかの部分では言いにくいことも言わなければならないし、だれかに我慢をお願いするかもしれないので、角が立たないよう婉曲な言葉づかいを心がけましょう。

・読む人を思いやる気持ちを込めて言葉を選ぶ

生前、気に入らないことがあったとしても、相手にも事情があったかもしれません。立場やメンツもあるでしょう。親族間の人間関係や経済状況など、人には言えない悩みや苦しみを抱えていることもあります。だれしもきっと悩みや苦しみがあるという前提で、関係のあまり良くなかった人に対してこそ、精一杯想像力を働かせ思いやりのある言葉を選びましょう。きっと心を開いて受け入れてくれると信じてください。

・品位ある言葉や表現を使うよう心がける

お願いごとをする際、声高に強く訴えるよりも静かに控えめにお願いした方が、なぜか希望が通りやすいという経験はありませんか？　慇懃無礼な文章は論外ですが、丁寧な言葉で静かに話す方が人は真剣に耳を傾けてくれます。

ときどき講演やセミナーでお話しすることがあるのですが、大きな声で話し出すより、ひと呼吸黙ってから静かにゆっくり話し始める方が、聴衆はしーんとして聞き耳を立ててくれます。

「付言」でも同じことがいえます。お願いごとがあるときは強い言葉で訴えるのではなく、品位ある言葉で静かに丁寧に語りかけましょう。

「付言」の書き出し、主文、結びのすべてに共通することですが、この4点を大切にして書いた「付言」は一見湖面のように静かなのに説得力があります。これらのポイントを押さえた「付言」を読んだ相続人は、ふと宙を見上げ何かが思い浮かんだような顔をして、それから穏やかな納得の表情になるのです。亡くなった遺言者の顔を思い浮かべて心の中で対話しているのかな……とわたしは勝手に想像しています。

お願いごとではない「付言」を書くときも同様です。日常的な例を挙げますと、お菓子などの小さな贈り物をもらったとき、「いつもありがとう。良かったら食べてね。」と書いた一筆箋が添えてあったらほっこりしますね。

職場で同僚に書類を渡すときに「おつかれさまです。確認よろしくお願いします。」などとメモ付箋を貼り付ける人がいます。ちょっとした気遣いに心が和んで、仕事の疲れを一瞬忘れたことがあるのではないでしょうか。

一筆箋やメモ付箋は脇役ですが、脇役こそが心に響くのです。どちらも小さくて二言三言しか書けません。何が言いたいのか読めばすぐわかります。それが良いのです。丁寧なのがいいだろうと長々書くと焦点がぼやけてしまいます。

「付言」もそれに似ています。できるだけ短い文章に、選りすぐりの言葉で魂を込めましょう。

すると読んだ人の心に届きやすくなり、「付言」で直接語りかけた相手だけでなく、遺言書を読む他の人にも協力してもらえる可能性が高まります。他の人とはすなわち法定相続人全員です。

遺言書は法定相続人全員が読むものです。たくさん相続する人も、そうでない人も含まれます。ですから、読む人全員の気持ちに配慮する必要があるのです。もらえない人が読んでも「わたしのことも気遣ってくれている」とわかるような「付言」を書くことで、納得してもらえると同時に協力が得られる確率が高まります。

相続人たちが遺言書を読むとき、書いたあなたはすでにいません。相続人たちがどんな気持ちで読むだろう？　と想像力を働かせ、心がまえをもって「付言」を書いていただきたいと思います。

キ．伝えたい相手を特定する

「付言」はだれに向けて書くのかを意識して書くことが重要です。伝えたい相手は多くの場合ひとりではありません。だれに向けて、だれのために書くのかじっくり考えて、伝えるべき相手を特定しましょう。そして特定した相手の気持ちを想像しながら「付言」を考えます。

遺言の本文には「何を、どれだけ、だれに相続させる」というふうに書きます。「貸家3軒すべてを長男に相続させる」「預貯金の2分の1を長女に相続させる」というふうに。それが遺言書の目的ですので当然ですね。

では「付言」はどうでしょうか？　長男あてのときもあれば、3軒ある貸家すべてを長男ひとりに相続させたために割を食った相続人たちに向けて書くこともあります。

遺言書はあなたが亡くなったあと、どこかのタイミングで相続人全員が読みます。ですから長男に向けて語りかけたつもりでも、他の相続人が読んだときにどう感じるか？　に気を配りましょう。

貸家をすべて長男に相続させることによって、二男が不満を持つかもしれません。そこで「今うちの貸家は老朽化して3軒まとめて改修工事が必要です。工事の手配や資金繰りで苦労をかけます。○○には長男だからと責任を押し付けて申し訳ないけれど、よろしく頼みます。兄弟で力を合わせこれからも仲良く暮らしてほしいと願っています。」とすればどうでしょうか。

この「付言」は長男に謝っているようにもみえますが、実際は主に二男に釈明しています。二男が読んで「貸家を相続すると改修工事やら銀行との融資の交渉やらいろいろ大変そうだな。面倒なことはお兄さんに任せよう。自分は面倒を抱え込まずに済んで助かった」と思ってくれることを期待した「付言」です。

不思議なもので、同じことをするのでも、ひと言のことわりもなく当たり前のようにされるのと、ひと言気遣いある言葉をかけるのでは、まったく印象が変わることがあります。見え透いた言い訳であっても、相手への気遣いが見て取ればいいのです。

ク．肯定的な表現に徹する

「若い頃、姑に『ダメな嫁』と言われいつもいじめられていたので、姑に対する恨みつらみを「付言」に書きたい。そうしないと悔しくて死んでも死にきれない」「わたしが家事や育児にひとりで奮闘している間に、他の女にうつつを抜かしていた浮気夫にひと言文句を書いてやりたい」という人がときどきいます。

半世紀経っても許せない姑さんや、浮気者の夫に対する怒りはごもっともです。悔しい気持ちをバネに生き抜いてきた努力に心から敬意を表したいと思います。

でも、あなたの遺言書に恨みつらみは似合いません。品格が下がります。姑さんは遺言書を読む機会はまずないでしょうし、だれが読んでも楽しい気分にはならないでしょう。すでにこの世にいないあなた自身は「言ってやったぜ、ザマアミロ」と溜飲を下げることもできません。

遺言は自分の満足のために書きましょうと言いましたが、「付言」は誰かを幸せにしたり守ったりするために書きましょう。そのためには非難や批判、愚痴、文句、悪口は厳禁です。感謝を表す言葉を使いましょう。そしてそれは遺言書の実効性を高めることにもつながるのです。

どういうことかといいますと、遺言書が指示する分け方が法律で決まった分け方と異なる場合に「NO！」と言えることがあるのです。これを遺留分侵害額の請求といいます。

（注）兄弟姉妹には遺留分侵害額の請求権はありません。

もらえると思っていた遺産が遺言書によってもらえない上、「付言」でカチンとくる言い方をされたら遺留分を請求したくなるかもしれません。相続人全員にあなたの気持ちを尊重してもらえるよう、「付言」で心情に配慮した言葉を選ぶことが大切なのです。

たとえば、子どもが3人いるとします。3人のうち介護してくれたひとりに多く相続させたい場合、「○○は介護してくれたからたくさんあげます」と言ってしまうと、他のふたりはどんな気持ちになるでしょう。本当はお母さんの介護がしたかったのに「遠くに転勤になったからできなかった」「ブラック企業で忙しすぎてできなかった」などの事情があるかもしれません。遺言の言葉選びが原因で子どもたちの関係がギクシャクしてしまうのは残念です。

そのようなことを避けるためにも「子どもたちがいつもわたしのことを気にかけてくれて幸せでした」とか「△△ちゃんが電話をくれるのが日曜日の楽しみでした」「家が遠いのに母の日には顔を見せに来てくれて嬉しかったです」というふうに、努力を認めて感謝する言葉を用いるようにしましょう。

(4)「付言」の事例

ア．1円も遺さない夫に想いを伝えたい（48ページの（3）参照）

『私は医師から癌を宣告されております。けれども、人生の終盤に佳き伴侶を得たことは大きな喜びです。竜介さんのおかげで幸せな人生を全うすることができました。心からお礼を申し上げます。ありがとうございました。

万一、私の方が先立つことになった場合、私より高齢の竜介さんに遺産分割のことで心配をかけたり、手間のかかる手続きをしてもらうことは、私としては大変心苦しく、申し訳ないと悩んでおりました。

そこで、私の死後、竜介さんに迷惑がかからないよう、遺言することにしました。どうぞご理解ください。喪主は竜介さんにお願いできましたら幸いです。葬儀費用は預貯金から支払ってください。

私亡き後も、皆さんお元気で暮らして欲しいと願っております。』

この付言で目指すこと

遺言者とご主人である竜介さんは再婚で、それぞれ実子がいます。遺言者は自分が築き上げて来た財産はすべて実の子に相続させたいと願っています。ご主人はもともとご自身の財産をお持ちで生活の心配もありませんが、遺言者はご主人を心から愛し、大切に思っており、ないがしろにするつもりは毛頭ないことを伝えたいという想いを「付言」に託しました。

イ．すべてを遺贈する甥の立場を守りたい（54ページの（4）参照）

〈夫の付言〉

『本日、遺言するにあたり、趣旨説明のため付言しておきます。

私と妻のサエ子がこれまで恙なくやってこられたのは皆様のおかげと感謝しております。中でも甥のタカシ君は、小さい頃から私たちの生活をずっと支え続けてきてくれました。私たちの死後の手続きや片付けも、タカシ君が快く引き受けてくれて安堵しています。

タカシ君、長い間お世話になりました。どうもありがとう。

私たち夫婦の遺産はタカシ君に受け取ってもらいたいと強く願っており、その願いを叶えるために遺言しました。どうかご理解ください。』

〈妻の付言〉

『私はご縁に恵まれテルヒコさんと結婚したおかげで、幸せな人生を送ることができました。支えてくださった皆様ありがとうございます。

特に、はるばる横浜から嫁いで来た私に、いつもよくしてくれた甥のタカシ君には心から感謝しています。我が子のような親しみも感じており、私の遺産はすべてタカシ君に受け取ってもらいたいと思っています。

私の気持ちを尊重してくださるよう、どうぞよろしくお願いいたします。』

この付言で目指すこと

この夫妻は全盲です。甥のタカシさんは小学生の頃から、夫妻の家事炊事、買い物の手伝いをして来ました。大人になってからも病院の送り迎えなどたくさんの用事を引き受けてくれています。もちろん無償です。夫妻は、どちらかが先に亡くなったら、一旦配偶者に相続させるものの、最終的にはすべてをタカシさんに相続させたいという気持ちです。

そこで遺言を書いたわけですが、気になることがあります。夫妻には子がいませんが、それぞれ兄弟姉妹がいるため、法律上の相続権は兄弟姉妹にあります。兄弟姉妹が亡くなれば、その子つまり甥や姪たちに代襲されることになります。兄弟姉妹には遺留分の請求権がありませんから、遺言によって全財産をタカシさんに相続させることに問題はありません。ただ、何人も甥姪がいる中で「なぜタカシさんがひとりで全部もらうの?」といぶかしがられる恐れがあります。甥姪はみなさんタカシさんとはいとこ同士です。いとこたちの中でタカシさんだけが全取りということになれば、タカシさんが気まずい立場に追い込まれる可能性があります。相続がもとで親戚の関係がギクシャクすることはなんとしても避けたいと夫妻は心配して「付言」に願いを込めることにしたのです。

ご主人の「付言」では、タカシさんに全財産を受け取ってもらいたいという夫妻の希望を前面に押し出し「タカシさんにあげることが私たちの強い希望なんだ」と宣言しています。

一方奥さんの「付言」では、遠くから嫁いで来た自分を長年世話してくれたタカシさんへの感謝を強調し、タカシさんがすべてもらうことの正当性を強調しています。

夫妻は、遺言書の本文でタカシさんにすべての財産を譲ることを実現し、付言でタカシさんの立場を守ったのです。

ウ．死後事務を引き受けてくれた知人にお礼を言いたい

『遺言に際し、ひと言申し添えます。

トシオさんに先立たれた後、立て続けにアキラが亡くなった時は気落ちしましたが、安心して穏やかに暮らしてこられたのは、ご近所さんやお友達がよくしてくださったおかげと感謝しております。

私の親族は皆遠方におり、葬儀や遺品整理をお願いするのは心苦しいので、お友達のヤマシタケイコさんにお願いしたところ、快く引き受けてくださいました。ヤマシタケイコさん、後のことはよろしくお願いいたします。

お礼といってはおおげさですが、私の財産はすべてヤマシタケイコさんに受け取ってもらいたいと思います。親族には遺すものがありませんが、どうかご理解ください。

皆さん、ありがとうございました。さようなら。』

この付言で目指すこと

この付言では友人のヤマシタケイコさんにお礼を言うと同時に、遠方の相続人の人たちに説明して事情を納得してもらうことを目指しています。

遺言者はご主人と一人息子さんを立て続けに亡くしました。息子さんは独身でした

ので孫はいません。親戚も近くにおらず、ずっとひとり暮らしでしたが、最近、10歳以上若い友人ができました。友人はお寺参りや買い物に誘って、家にこもりがちだった遺言者を連れ出してくれました。おかげで寂しいと思うことがなくなりました。80歳を過ぎてから少しずつ身体の衰えを感じるようになり、自分の死後、家はだれが片付けてくれるんだろう？　と気になりはじめました。遠くの親戚に遺品整理や自宅の処分などお願いするのは難しそうです。そこで思い切って「わたしが死んだら、葬儀や納骨、家の片付けなどをお願いできるかしら？」と若い友人に話してみたところ、「もちろんいいわよ」と二つ返事で引き受けてくれました。そこで友人と生前事務委任契約、任意後見契約、死後事務委任契約を結んだ上で、遺産をすべて遺贈する遺言書を作成したのです。口約束ではなく公正証書ですので、認知症になったり寝たきりになっても安心です。葬儀も家の片付けも心配なくなりました。おかげで前よりもっと明るい気持ちで体調も良く過ごせているそうです。

エ．疎遠になってしまった息子に親心を伝えたい

『遺言に際し一言申し添えます。

長い間、会えていないトオルさんのことがいつも気にかかっています。元気にしていますか？ どうか元気でいてくださいね。家と預金を役立ててくださいね。
ご近所の皆さんに大変お世話になりました。ありがとうございました。さようなら。』

この付言で目指すこと

遺言者の女性は、10年以上前、意見の食い違いがもとで一人息子さんと疎遠になってしまいました。以来、息子さんからの音信は途絶え、どこに住んでいるのかもわからないまま年月が経ち、高齢になって来たので、会いたくても会えない息子さんのことを想いながら「付言」を書きました。

生きている間は息子さんと会うことも話すこともできない可能性が高く、仲直りも難しい状況です。「息子は元気にしているだろうか」といつも気になっています。口論したことを後悔していますが、どうしようもなく、気持ちの持って行き場がない状態です。いつの日か、死後でも良いので息子さんとの絆を取り戻したい、それが無理ならせめて大事に思っている気持ちを伝えたいという親心が込められています。

このような場合、長い文章にしてしまうと言い訳がましくなってしまって、関係がこじれてしまった息子さんの心には響かないでしょう。切ない気持ちをできるだけ端的に表現することで、死後、息子さんに受け入れてもらいたいという期待を込めています。

第5章

ステップ2
そして「遺言」を書く

（1）何のために、だれのために遺言を書くのか？

何のために遺言を書くのか……ズバリ「安らかなゴールを迎えるため」です。だれのためですって？　もちろん「自分のため」です。

遺言で何ができるのかわからないし、自分が書くべきなのかどうか判断がつかないというのが多くの人の正直な気持ちです。書くことに決めたとしても、どんな紙に、どんな筆記具で、何を、どう書けばいいのでしょう？　書き損じたらまた新しい紙に書かないといけないの？　無事に書き終えたとしても、そのあとは？　封筒に入れて糊付けするのかな？　などなど。考えただけでもめんどうですね。

それに、死を目前にした人が「先立つ不孝をお許しください」と遺書を書くようで気が滅入ります。第一、今はピンピンしているし、まだまだ人生を謳歌したいのに、なんでわざわざ「死に支度」みたいなマネをする必要があるのでしょう？

わたしは遺言を書くお手伝いをしていて、日々たくさんの遺言書を拝見しています。遺言の内容はほんとうにさまざまで、ひとつとして同じものはありません。家族構成も財産の内容も異なりますから、分け方は千差万別です。また家族間の人間関係やこれまでの人生の歴史が違うので、遺言に込めたい想いや分け方が違ってくるのは当然です。

そしてほとんどの人にとって遺言を書くのは初めてであり、一生に一度あるかないかのことですから、軽い気持ちではとてもできそうにありません。

それでも「書く理由」がある人は相談に来られます。

書く理由は人それぞれです。「家族から書いてと頼まれたから」「争族になったら困るから」という外部からの働きかけがきっかけの方もいらっしゃいます。でも、せっかく書くなら渋々ではなく、気になっていた問題を解決して、書いたあとの人生をスッキリとした気分で過ごせるようにしましょう。

もちろんこうしてみなさんにお勧めしているわたしも、ひとりの人間として親として、この本を読んでおられるみなさんと同じスタンスで書いています。

わたしの相続人は娘一人ですので、すべて娘が相続することは決まっています。わざわざ書かなくても良さそうなものですが、毎年自分の誕生日に書いて、差し替えずにすべて保管しています。

わたしが遺言を書く理由は、わたしがいなくなっても娘に強く生きてほしいからです。

わたしが死んだらひとりっ子の娘は天涯孤独になります。親戚は関東や関西在住で、最近は会う機会もあまりありません。娘がひとりぼっちになっても生きていけるだろうかと、昔からすごく心配でした。学費は足りるだろうか、健康面は大丈夫だろうか、だまされたりしないだろうかと考え出すとキリがないほどです。

そこで毎年、付言つきの遺言を書いています。「お母さんはいつもそばで見守っているから寂しがる必要はないよ。信念をもってたくましく生きてください」などと、普段は照れくさくてとても言えないようなことを書いています。

数年前までは手紙のような形式で書いていたのですが、「付言」の持つ力に気づいてからは「付言付き遺言」を書くようになりました。

今は健康なわたしですが、いつ何があるかわかりません。万一事故や病気、自然災害などでわたしが死んだら娘はうろたえるでしょう。そうなっても、わたしの字で娘に宛てて書いた付言つきの遺言書があれば、少しは心の支えになるのではないかと思えるのです。

ある日突然この世を去ることになったとしても、娘に「あれを言っておけばよかった」「ひとりで生きていけるかしら」と思い残すことなく、安らかな気持ちで旅立つことができるような気がします。

娘はわたしが死ぬことなど想像もしておらず遺言書が必要だとも思っていません

が、遺言を書くことでわたし自身が安心できています。遺言書に救われているのは、今のところ娘ではなくわたしなのです。

わたし自身の経験からも、みなさんに自分のために遺言を書いていただきたいと思っています。

（2）遺言書は数字ではない

遺言書は「言を遺す書」と書きます。もちろん本文には、預貯金はだれに、不動産はだれに相続させる、とお金という数字に換算できることが書かれているのですが、真の目的はそこではないとわたしは考えています。何よりも大切なのは、生前かかわってくれた人たちに「言葉を遺す」ことです。

テレビのワイドショーや週刊誌の見出しを見ると「遺言しないと家族がもめて争族になる！」「死んだら口座が凍結されてお金が下せなくなるので必ず遺言が必要！」などなど、脅しが効いた情報が満載です。

たしかに相続の中には、相続人同士の利害が対立して、裁判でしか決着できないこともあります。けれどほとんどは、粛々と手続きが進み遺産分割が完了します。

期待していなかったのに相続することになった人がいくらか相続した場合、金額が少ないといった不満を持つことはあまりないのですが、中には「生活面や経済面で貢献したのだから、本来なら他の相続人より多くもらってもいいはずでは？」と思っている人がいるかもしれません。とはいえ手助けしてもらっていた本人が亡くなっている以上どうすることもできません。しかたなく遺産分割協議書に判を押したものの、納得できなくてモヤモヤするのです。

なぜモヤモヤするのでしょうか？　それは、亡くなった人のために犠牲を払って尽くしてきたことが正当に評価されていないと感じるからです。「わたしは大好きな仕事を辞めてお母さんの介護をしたのに、全く協力しなかった兄と同額なのはおかしい」というような感情でモヤモヤするわけです。

評価されたくて尽くしたわけではなくても、なんらかの形で自分の努力を認めてもらいたいと考えるのはごく自然な人情です。

その人情に対してわたしたちは死後、遺言書で報いることができます。たとえ金銭で報いることができなくても「付言」で心からの「ありがとう」や「遺産が少なくてごめんね」を伝えることはできます。遺言を書き、お世話になった人への想いや感謝を「付言」でしっかり伝えて、後顧の憂いなく安らかなゴールを迎えましょう。

(3) 遺言を書く理由はいろいろ

「遺言を書こう」と思う人には、書く理由があります。内容も理由もひとつとして同じものはありませんが、「書く理由がある」点だけは共通しています。

自分は遺言を書く必要がないと思っている人でも、話してみると書いた方が良い人がほとんどです。「わたしは資産家ではないから遺言書はいらないのでは?」「うちの子どもたちは仲が良いから遺言書なんてなくても大丈夫」とさまざまなご意見があると思います。遺言を書く理由を20種挙げますので、あてはまるかどうか確認してみてください。ほとんどの人はどれかあてはまるはずです。もしかするとあてはまる項目が複数あるかもしれませんよ。

以下の20項目の中で自分にあてはまるものを見つけたら、あなたは遺言を書くべき人だということです。ここまで本書を読んで来られたあなたなら、どんな遺言を書くべきか、その際だれに向けた「付言」を書くべきかがよりはっきりと見えて来るはずです。

ア．50歳以上で現在独身だから
イ．ひとり暮らしで身寄りがないから
ウ．子どもがいないから
エ．子どもがふたり以上いるから
オ．再婚で前の配偶者との間に子どもがいるから
カ．事実婚・内縁関係だから
キ．行方不明の家族や親族がいるから
ク．障がいのある家族や親族がいるから
ケ．法定相続分とは異なる分け方をしたいから

コ．財産の中に不動産があるから
サ．不動産はあるが預貯金がほとんどないから
シ．共有名義の不動産があるから
ス．親族と疎遠で付き合いがほとんどないから
セ．海外に移住した家族や親族がいるから
ソ．お世話になった人に財産をあげたいから
タ．余命宣告されているから
チ．認知症になりそうだから
ツ．事業や商売をしているから
テ．相続税がかかりそうだから
ト．想いを伝えたい人がいるから

ア．50歳以上で現在独身だから

40代まではまだ結婚や出産など未確定要素が多く、遺言を書いても実態とすぐにかけ離れてしまうおそれがあるため、急いで書かなくても大丈夫かなと思います。ですが50代になれば体調の変化が始まり、病院とのつきあいが途切れなかったり、持病の

薬が手放せなくなる人もいます。家族が病気になったりすることもあります。

そして自分の老後や終活について考え始めます。外出先で急に具合が悪くなったらどうしよう、あしたの朝、目が覚めなかったら……とあれこれ想像しだすと眠れなくなるという話をよく聞きます。

わたしは遺言や任意後見のほか相続手続きの仕事をしていますが、50～60代で亡くなる方が意外と多くて驚きます。癌になる人も多いです。そんな縁起でもないことは考えたくもないでしょうが、万一に備えて遺言を書くことをお勧めします。自分の財産や遺品をどうしたいか、真剣に考える良い機会になります。デジタル遺品についてもご一考ください。

イ．ひとり暮らしで身寄りがないから

孤独死が社会問題になっています。実際ひとり暮らしの高齢者は非常に多く、相談を受けることがよくあります。相談の内容は判で押したように「ひとりで生きて来た自分が孤独死するのはしかたがないと覚悟しています。でも、わたしの死でまわりの人に迷惑をかけるのは絶対にイヤだ。他人様に迷惑がかからないようにするにはどうしたら良いですか」というものです。

結果的に独身で通すことになった人もいれば、結婚したが連れ合いさんが亡くなって今はひとり、という人もいます。共通するのは「最期はひとり」であることを受け入れているということです。でも、自宅でひとりで息を引き取ったら、当然発見が遅れます。夏場などは特に遺体が傷みます。その遺体を運んで荼毘に付してくれる人や、遺体から染み出た体液で汚れた床を掃除してくれる人に対して申し訳ないと。それを考えると恐ろしく苦痛で耐えられないといいます。

ひとり暮らしの高齢者は皆さん自立心があり、人に迷惑をかけたくないという意識がもともと人一倍強いので、他人様に始末をさせてしまうことを心の底から恐れているのですね。その事態を回避するために早めに行動を起こす人は少なくありません。たとえば見守り契約をして1日1回安否確認のための電話をするとか、宅配弁当を毎日配達してもらい安否確認の目安にするといったことです。

あなたがもしひとり暮らしで頼れる人がそばにいないなら、いつかは考え始めることです。持病があるなど早い人なら50代から準備する人もいます。もしものことがあったらどんな葬儀をしてもらいたいか、お墓はどうするか、遺品整理はだれにお願いするのかなど考えることは意外とたくさんあります。

ちなみにわたしの80代の知人は独身でひとり暮らし。70代の頃、互助会に入って葬儀の予約は済ませているそうです。献体を申し込もうと近くの大学に電話したら「申し込みが多く、数年先まで予約はいっぱいです」と断られました。献体することで社会の役に立ちたいという彼女の願いは残念ながらかないませんでした。

それだけたくさんの人が献体を申し出るということは驚きですし、頭が下がる思いがしますが、余計なおせっかいを承知で言わせてもらうと、できれば先に遺言を書きましょうよというのがわたしからの提案です。

人が亡くなると、まず遺体を安置します。葬儀や献体は次の段階です。病院や警察署などの安置場所から葬儀社なり献体する大学なりに運ぶ手配をする人が必要です。予約している葬儀社や献体予約している大学がどこなのか、そもそも葬儀や献体の予約をしていることを知る人がいなければ、絵に描いた餅です。

ひとり暮らしの人が病院で息を引き取ると、病院から入院時にサインした保証人や身元引受人に連絡がいきます。孤独死や外出先での死亡なら、警察が親族を探し出して連絡を取ります。用件は「ご遺体を引き取ってください」です。ほとんど付き合いのなかった親族が突然警察から電話がかかってきてこれを言われたらかなり戸惑うことは想像に難くないでしょう。

「明日は仕事なのに」「わたしも病気なのに……」、そしてそもそも「交流がなかったのに、なぜわたしが？」となる可能性が大です。

他方、葬儀社や特殊清掃業者はプロですから慣れています。料金を払ってお願いするわけですから、心配しなくても大丈夫です。

まわりの人に迷惑をかけたくないと思うなら、業者より親族に配慮しましょう。その場合、死後事務委任契約と遺言書の作成がお勧めです。死後事務委任契約はあなたが亡くなったら葬儀や納骨、年金事務所や役所関係の届け出、遺品整理などを生前にだれかにお願いしておくものです。専門家に頼んでも良いですし、信頼できる人ならお友だちでもかまいません。

死後事務委任契約をする際には、葬儀の規模や形式、宗派、戒名、納骨などについて具体的にお願いしておきます。そしてその手間や献身に対するお礼もきちんと決めておきましょう。頼まれた人はあらかじめ心の準備ができていますから、いざそのときになっても迷惑には感じないはずです。

遺言書で遺産はだれに相続させる（または遺贈する）のかを決めておきましょう。預貯金はだれに？　不動産はだれに？　その他の遺品は？　遺言書には「葬儀や遺品整理などの費用はわたしの財産から支払ってください」という一文を入れておくと良いです。

ウ．子どもがいないから

未婚既婚に関わらず「子がないリスク」が相続にはあります。子がない人が亡くなると、相続権がまず親にいき、親が亡くなっていれば兄弟姉妹に流れていきます。兄弟姉妹が相続人になるならいいじゃないかと思われるかもしれませんが、現実には仲の良い兄弟姉妹ばかりではなく、昔から仲が良くない兄弟姉妹もいます。以前は仲が良かったとしても、おとなになって独立してそれぞれの生活が変わり、家族構成や職業の違い、あるいは経済状況の違いにより疎遠になってしまうことはよくあります。あなたの相続人である兄弟姉妹が犬猿の仲なら、遺産分割でもう顔も見たくないということになってしまうかもしれません。

また仲が良ければ心配無用かといえば、そうでない場合もあり得ます。お互いが健在で自由に動けるうちは「印鑑証明を取って来て」とお願いすれば問題なく対応してもらえても、高齢になって来るとそう簡単ではありません。

たとえばその兄弟姉妹が地方でひとり暮らしをしていて運転しない人だと、印鑑証明を取りに市役所まで行くのは大変です。北海道の都市部ではないところに住む高齢の相続人から「春になって雪が解けるまで印鑑証明は取りに行けない」と言われたことがあります。また認知症で判断力がなく署名ができないといったことは日常的に起きています。こういうときにサポートしてくれる人がそばにいないひとり暮らしの高齢者は日増しに増えている印象です。また兄弟姉妹が先に亡くなっていれば甥や姪が相続人になりますが、子どものころに2〜3度会ったことはあるが、今はどこでどうしているのかわからないという人は珍しくありません。

中には海外に移住したり国際結婚して外国に住んでいるという人もたくさんいます。その場合はそもそも実印とか印鑑証明がありませんので、現地の総領事館まで行ってサイン証明を取って来てもらうことになります。SNSやメールでのつきあいがなければ居場所を探すところから始めることになります。

相続は、時間がたてばたつほど相続人が増えて複雑になります。わたしが担当した中で相続人が59名というのがありました。そこまで増えると相続人の皆さん、ほとんど名前も顔も知らない人ばかりです。この事例のように、名前も知らない遠い親戚の相続手続き書類が突然届いてびっくりするという事態が日々あちこちで起きています。知らない人から印鑑証明書を送ってと頼まれたら不安になります。当然のこととして、なかなか協力してもらえないまま時間だけが過ぎていつまでたっても相続手続きが終わらない、ということになりがちです。

そんな残念なことにならないよう、子がない人は、ぜひ遺言を書きましょう。

エ．子どもがふたり以上いるから

子宝に恵まれるのは喜ばしいことです。学校を卒業し、就職してひとり立ちしてくれたら万々歳ですね。子どもたちが親の死後も仲良くしてくれたら何よりですが、そうならないこともあります。子どもたちにはそれぞれの生活があり家族があります。経済状況も違います。配偶者がギャンブル好きで借金があったり、住宅ローンと子どもの教育費に追われていたりということもあり得ます。たまたま経済的に恵まれている子とそうでない子の間で感情がもつれることもありますし、経済状態に差がない場合でも、お金のこととなるとなぜか事情が違うようです。

「うちの兄（または姉、または弟、または妹）は、普段は温厚なのに、お金のこととなると人が変わったように高圧的になるんです」といった発言をときどき耳にします。「親の相続の話し合いの最中、兄弟姉妹から暴力を受けた」という話も聞いたことがあります。

暴力まではいかなくても、兄弟姉妹の中で声の大きな人の主張が通りやすいのはどこの世界でも同じです。たとえば寝たきりになって介護していた親が亡くなった途端、これまで何もして来なかった兄弟姉妹がやってきて遺産を声高に要求するのはよくあるパターンです。もちろん法定相続分の権利はあるのですが、場合によっては法定分以上を主張することもあります。

そういう場面に遭遇するたびに、亡くなった親御さんは生前どうしたいと思っていたのか、とても気になります。もし特定のだれかにたくさんあげたいと思っていたとしたら、準備が必要です。その準備が遺言書なのです。

オ．再婚で前の配偶者との間に子どもがいるから

あなたに子がある場合と、再婚相手に子がある場合があります。あなたに前の配偶者との間に子がいて、その子を連れて再婚した場合、再婚相手とあなたの子が養子縁組するかどうか？　という選択肢があります。養子縁組すれば、再婚相手とあなたのお子さんは実子と同じ扱いになり、再婚相手が亡くなったら相続人として相続できるようになります。これはデリケートな問題ですので、再婚相手とよく話し合いましょう。養子縁組はしないが一定の相続はさせたいという場合は、再婚相手に遺言を書いてもらいましょう。あなたのお子さんと前の配偶者との血縁関係は、離婚やあなたの再婚によって切れるわけではありませんので、前の配偶者からの相続は受けることができます。

次に再婚相手に前の配偶者との間に子があるケースです。前の配偶者が親権を取るなどして再婚相手の子が前の配偶者と一緒にいるとしても、血縁関係は残りますので、その子が再婚相手の相続人であることに変わりありません。再婚相手が亡くなったら、当然その子も含めて遺産分割協議をすることになります。再婚相手が前の配偶者とどのような別れ方をしたのかにもよりますが、その子が再婚相手であるあなたに対して良い感情を持てない場合があります。あるいは「幼い時に別れ別れになった父親には、親らしいことを何もしてもらってない」という恨みがあると、遺産分割協議がすんなりいきにくいのです。

そのような感情のもつれが予想されるなら、再婚相手に遺言を書いてもらいましょう。できればその子の気持ちをほぐすような「付言」を書くことがのぞましいです。

そして再婚相手がその子を連れてあなたと再婚したのなら、あなたとその子が養子縁組するかどうか、しっかり話し合って決めましょう。養子縁組しないならその子のために遺言を書くことを検討しましょう。

カ．事実婚・内縁関係だから

「長年一緒に暮らしてきた内縁の夫が亡くなった。家はわたしの持ち家だし生活費もわたしが出した。夫は働いていたが1円ももらったことがない。亡くなって遺品整理していたら定期預金の通帳が出て来た。300万円入っているので、わたしの老後のために使いたいのですが、どうしたらいいですか？」という相談がありました。遺言書があればよかったのですが、残念ながらありませんでした。

調べてわかったのは、その内縁の夫は実は前に2度結婚2度離婚していて、それぞれふたりずつ子がいるのです。つまりその夫には4人の相続人がいることになります。であれば相続手続きは、4人の子が遺産分割協議をして分け方を決めることになります。

4人の子が話し合った結果、この内縁の妻に300万円を贈与しましょうという結論になれば内縁の妻の長年の貢献は報われますが、報われる可能性は高くはないでしょう。内縁の妻の権利はあたりまえに認められるわけではないのです。
事実婚や内縁関係の人は、大切なパートナーのために互いに遺言を書くことを強くお勧めします。

キ．行方不明の家族や親族がいるから

「就職して東京に出たまま音信不通で、今どこで何をしているかわからない」とか「若い頃、家出をしてから行方不明」という人がたまにいます。あなたの家族や親戚の中にはいませんか？

遺産分割協議では、相続人全員の署名押印と印鑑証明書をそろえる必要があります。亡くなった人の遺産の分け方を相続人で協議して、たとえば「今回亡くなったお母さんの遺産について、不動産は長男が受け取り、預貯金とその他一切の財産は長女が受け取ることで相続人全員が同意しました」という書類（遺産分割協議書）を作成し、全員が署名して実印を押して、印鑑証明書を添付することにより成立します。そこで初めて銀行口座を解約できたり不動産の名義を変更できたりするのです。

ところが相続人の中にひとりでも行方不明の人がいたら、協議ができません。国内にいるはずだがどこにいるかわからない人の場合は、住民票のある住所を探し当てま

すが、そこに手紙を出してもあて先不明で返って来ることがあります。住民票を移さないままどこかに引っ越してしまったのですね。そうなると探し出す術がありません。以前の職場関係や学生時代の友だちに聞いて回るなど地道に探すしかありませんが、本人が自分の意思で身を隠している場合、探し出すのはかなり難しいです。あるいは海外に行ったまま行方不明になってしまったという場合は、外務省に調査を依頼することになりますが、国内で探す以上に難易度が高いのではないかと思います。

行方不明の人が相続人の中にいると遺産分割協議ができませんので、家庭裁判所に不在者財産管理人を選任してもらうことになります。7年以上行方不明で、死亡している可能性が高い場合は、家庭裁判所に死亡推定の判断をしてもらうことになります。財産管理人の選任には2～4ヶ月、死亡推定は6ヶ月～1年程度かかるので、相続手続きが終わるまでに1～2年ぐらいかかってしまう

ということです。（これらの家庭裁判所への申立は司法書士や弁護士に相談しましょう）

以上のような理由から、あなたの家族や、あなたの相続人になる可能性のある人たちの中に行方不明の人がいるなら、負担を減らすためにも遺言書をお勧めします。

ク．障がいのある家族や親族がいるから

『親亡きあとの問題』が全国的にクローズアップされています。障がい者の子を持つ親にとって、自分たちが亡くなったあとの子どもの生活が心配でたまらないだろうと思います。障がい者手帳を持っている人は２０２１年時点で全国に約６５０万人。身体障がいや精神障がい、知的障がいなどがあります。そのうち精神障がいと知的障がいの人（重度の身体障がいの人も含まれることがあります）は、意思能力や判断能力に問題があるという理由で法律行為はできません。相続を受けることも法律行為に含まれますので、成年後見人がついていなければ相続取得ができないということになります。

そのような事態を避けるためには、たとえばあなたのお子さんが障がい者なら、あなた亡きあとのお子さんの生活を守るためにぜひ遺言を書きましょう。

たとえばあなたに男女ふたりの子がいるとします。長女は健常者で就職して独立しており、3歳上の長男が知的障がいで施設で生活しているケースだと、長女にすべてを相続させる内容の遺言を書き、長女に長男の将来のお世話を託します。念のため「条件付き遺言」にしてもよいでしょう。

内容の一例としては「長女には不動産、預貯金その他一切の財産を相続させる。ただし長女が長男の施設入所の手続きや財産管理、医療契約、死亡した場合の葬儀の手配その他一切の面倒をみることを条件とする」のようなことが考えられます。

お子さんの将来を守り、あなたも安心できるよう、遺言を書きましょう。

ケ．法定相続分とは異なる分け方をしたいから

遺言書がなければ、法律で決められた通りに分けるか、相続人全員が話し合って、分け方を決めることになります。たとえば配偶者と子どもふたりが相続人である場合は、全体の2分の1を配偶者、子どもがそれぞれ4分の1ずつになります。遺産が現預金だけなら、きれいに4で割って分けることができますが、自宅の土地建物などの不動産があるとケーキを切るようにスパッと切り分けることはできません。また遺産の中には、預貯金、不動産、株式や投資信託などの有価証券、貴金属や美術品などさまざまあり、法定相続分通りに分割するのは意外と難しいものです。このようなときは遺言であらかじめだれに何を相続させるか決めておくことをお勧めします。遺族にとってはその方が安心できますからね。

コ．財産の中に不動産があるから

ケでもお話ししましたが、不動産はケーキのようにきれいに切り分けることができません。住んでいる人の生活がありますから簡単に追い出すわけにはいきません。

売って現金化して分けるにも、希望通りの金額で売れるとは限りません。場合によっては境界立会いが必要で数十万円以上の費用がかかり、おまけに住んでいた人の引越し費用がかかったりして……などなど諸経費を差し引いたら手許にたいして残らなかったという残念なこともあり得ます。

このように不動産は大切で高額な財産であると同時に悩みの種になる可能性があるので、不動産がある人はできるだけ先のことを考えて、遺言を書くことをお勧めします。

サ．不動産はあるが預貯金がほとんどないから

さらに深刻なのは、自宅不動産はあるが預貯金が少ない人が亡くなったときです。預貯金がたっぷり遺されていれば解決しやすいのですが、預貯金が少ない人もいます。不動産所有者の死後、売って現金化して分割しようと思っても、立地が良くなくて売れなかったり、建物が古くて解体しないと売れないが土地より解体費の方が高かったり、再建築不可だったりと、次から次と問題が出て来て、あれこれ費用がかかるため怖くて手が出せないのです。こういう不動産は相続人間でゆずり合いというか押し付け合いになります。

古い家に住んでいて預貯金が少ない人は、先々のことを早めに考えて準備しておくことが大切です。遺言を書けば必然的に解決策を考えることにつながります。

シ．共有名義の不動産があるから

不動産の名義を夫婦で2分の1ずつにしているという人が結構多いのですが、不動産の名義を共有にするのは極力避けた方が良いです。

たとえば自宅の土地と建物がもともと父と母の持ち分2分の1ずつの共有名義になるケースで、お父さんが亡くなったと仮定します。子どもがふたりいて、ふたりとも名義をお母さんに集約しようよということに決まれば、自宅はお母さんが相続取得して、不動産以外の預貯金などを子どもふたりで分けて収まれば万々歳ですよね。

ところが2分の1の2分の1、つまり4分の1をお母さん、2分の1の4分の1ずつを子どもがそれぞれ相続してしまうと、自宅土地建物の所有権はお母さん8分の6、子どもがそれぞれ8分の1ずつ持つことになります。

遠い将来、子どもが亡くなったとき、その子の配偶者や孫が相続することになり、ますます所有権が細かく分かれてしまいます。

さらに深刻なのは、共有名義の夫婦に子がない場合です。子がない夫婦は財産も平等にしましょうということで不動産も2分の1ずつ所有するケースが少なくないのですが、不動産の共有名義だけはしない方がいいですよと言いたいです。

子がない場合、相続権はまず配偶者、次に親、その次に兄弟姉妹に流れていきます。親も兄弟姉妹もいなければすべて配偶者にいくので、所有権が集約できますが、兄弟姉妹がいて相続されてしまうと、その兄弟姉妹が亡くなったときに、その配偶者や子どもに流れていってしまいます。親戚が全員協力してくれるなら問題ないのですが、そうとは限りませんし、相続人の中に認知症の人がいたり、海外に移住している人がいたりすると、間違いなく手間も費用も余分にかかります。

遺言書さえあれば、兄弟姉妹には遺留分侵害額請求権がありませんので、問題なく所有権を集約できるのです。共有不動産のある方は、できるだけ遺言を書くことをお勧めします。

ス．親族と疎遠で付き合いがほとんどないから

ソをあわせて読んでいただきたいですが、自分が死んだあとのことを親族がやってくれて当たり前というのは今の時代、通用しません。親族以外で身近にお願いできる人がいるとしても、その人があなたと同年代なら遠慮しましょう。少なくとも10歳以上は年下の人が良いでしょう。そのような身近な人がいないなら地元の社会福祉協議会に相談してみるのも手ですし、市役所の相談窓口などに聞けば信頼できる専門家を紹介してくれるかもしれません。

そのような場合でも、「死後のことを引き受けてくれた○○さんに預貯金を遺贈する」旨の遺言を書いておけば、○○さんへの感謝の気持ちが伝わりやすいですね。遺言は思いやりを伝える最後の手紙ですから、ぜひ活用してください。

セ．海外に移住した家族や親族がいるから

海外に家族や親族がいる人が増えています。普段から連絡を取り合っていれば良いのですが、しばらく疎遠で連絡先もよくわからないという場合は要注意です。海外にいる人が相続人になってしまうと、日本にいる側も大変ですし、海外にいる人にも思わぬ負担をかけることになりかねません。連絡はメールやSNSで済ませることができても、証明書類はEメールではなく現物を郵送してもらうことになります。

諸事情を考えた上で相続させるものが少なければ、その人には相続させない内容の遺言を書くことも考えてみてはどうでしょうか。

ソ．お世話になった人に財産をあげたいから

ひとり暮らしの高齢者と話していてよく感じることがあります。それは、自分が死んだあと、遠くにいて普段まったくつきあいのなかった親族に、財産をただ全部持って行かれるのは面白くないということです。自分が死んだら、それまでお世話になったご近所さんや友人に、自分の遺産を受け取ってもらいたいという希望は珍しくありません。日頃から面倒をみてくれる人に、お世話になりついでに死後事務もお願いしてしまうのもアリです。

実現する方法としては2通りあります。ひとつは死後事務委任契約です。葬儀のやり方や納骨のことまであらかじめ相談してお願いしておきましょう。お礼として報酬も決めておけばお願いしやすいと思います。ふたつめは「死後事務を完了させてくれたらわたしの財産をすべて差し上げます」という条件付きの遺言にする方法です。

タ．余命宣告されているから

余命宣告されている人は、今まさに死と向き合っている人です。図らずも人生が期限付きになってしまったわけですから、真正面から向き合わざるを得ないですね。たとえばあと6ヶ月ですと宣告されたら、何をしますか？　これまでの人生の振り返りでしょうか。やり残したことのうち、できることはすぐ挑戦するでしょう。会いたい人に会うでしょう。そして、どのように最期を迎えたいか真剣に考えると思います。安らかなゴールを迎えるために、この6ヶ月間を有効に使いたいと考えるはずです。

実際に6ヶ月で命が尽きるかどうかはわかりませんが、死を具体的にイメージすることは、どう生きるかを考えることにつながります。与えられた6ヶ月間を悔いのないように生きたいと思うでしょう。

余命宣告を受けてホスピスに入る人は、他人が思うより意外と冷静です。

緩和病棟に入院した50代半ばの女性から「ネコの本を買って来てほしい」と頼まれて、ネコの写真がたくさん掲載されたムック本を差し入れました。すごく喜んで体調の良いときはよくその本を眺めていたそうです。入院してからというもの、生まれて初めて髪を茶色に染めイメージチェンジして、大好きなプリンを毎日食べていると聞きました。

2ヶ月後、家族のいない彼女は病院のスタッフに見守られながら55年の人生を終えましたが、人生最期の2ヶ月間を楽しんだと思いたいです。

ホスピスに入院した80代の女性は、3年前に作った遺言書についてわたしに電話して来ました。わたしは彼女の遺言作成をお手伝いして遺言執行者に就任していました。「大丈夫ですよ、遺言通りに実行しますのでご安心ください」と答えると「よろしくお願いしますね、必ず娘に遺産を渡してくださいね」と何度も念を押すのです。

そのときわたしは、「こんなときにも、いやこんなときだからこそ、自分のことより子どものことを思うものなんだな」と親のありがたみを再認識しました。

90歳の男性は危篤状態の病床で遺言をしました。主治医が男性の耳もとで通訳をしてくれることになり、90歳の男性と主治医、公証人と、証人としてわたしを含む行政書士2名の計5名が病室に入りました。公証人とわたしたち証人2名が病室に入ったとき、男性は息も絶え絶えでしたが、遺言するときだけは目に光が宿り、しっかりした口調で「妻の○○にすべてを相続させる」と言い切ったのです。遺言が終わるとぐったりしてうつろな目になってしまいました。もうすぐ人生のゴールというときに、遺言書に望みを託したのです。

遺言書があれば、自分の命が尽きたあと望みをかなえることができます。余命宣告されたなら、大切な人を幸せにするためにも、安らかなゴールを迎えるためにも、遺言を書くことをお薦めします。

チ．認知症になりそうだから

孤独死の恐怖と並んで高齢者が恐れるのは、認知症になることです。酷な言い方になりますが、実際に認知症になるとほとんどの人は穏やかに、にこやかに日々を過ごしておられ、ある意味幸せそうに見えます。

ですから、認知症を恐れることはないですよと言って差し上げたいけれど、残酷な気がして言えませんが、とにかくご本人は恐怖を感じるようです。何より怖いのは自分を失うことです。多くの高齢者が「死ぬことより認知症が怖い」といいます。特に自分の親の認知症を経験した人は「自分もあんなふうになってしまうのか……」と思うのです。

もし「自分も認知症になるのではないか」という不安から逃れられないなら、ぜひ遺言を書きましょう。たとえ自分がだれだかわからなくなったとしても、遺言書があれば望みをかなえることができるのです。遺言を書くことで自分の尊厳が守られることがわかれば、かなり安心できると思います。

ツ．事業や商売をしているから

あなたが商売をしているとか会社の経営者であるなら、必ず遺言を書きましょう。たとえばあなたが個人事業主としてひとりで雑貨店を経営しているなら、あなたが亡くなったあと、引き継ぐ人がいないからとすぐにお店をたたんで在庫を処分してというわけにはいきません。まずは相続手続きが終わって店にある什器や在庫をだれが相続するのか遺産分割協議の中で決める必要がありますし、売掛金や買掛金の処理をし、借入金があればマイナス財産として遺産から差し引く必要もあります。その間、お店の家賃などのランニングコストは払い続けなければなりません。税務署などへの届け出も必要です。後継者がいる場合でも相続手続きとして複雑な部類になります。お店の経営がうまくいっていても思わしくなくても、遺産分割協議は簡単ではないと思われます。「今は元気でバリバリ商売しているのだから遺言書なんてわたしには関係ないわ！」と言いたいのはわかりますが、元気だからこそ、早めに遺言を書くことをお勧めします。そうすればより一層商売に励むことができます。

会社を経営している場合や、会社の役員として未公開株を所有している場合はさらにシビアです。株をだれが相続するかによって会社の経営が左右されてしまいます。相続手続きは長引きますし、家族経営の会社なら家族がバラバラになってしまうおそれもあります。お家騒動で経営がぐらついたら従業員の家族の生活まで危うくなるかもしれません。すぐにでも相続専門の税理士や事業承継の専門家に相談してみることをお薦めします。

後継者を決めれば将来はほぼ安泰です。人生を謳歌し悠々とゴールを迎えましょう。

テ．相続税がかかりそうだから

都心部に不動産を所有している場合、かなりの確率で相続税の課税対象になりますので、一度は相続専門の税理士に相談してください。対策が必要と判断されたら準備を始めましょう。

地方は地価が安いため、立派な邸宅に住んでいても評価額は意外と低く、相続税がかからないこともあります。「わたしは大きな家に住んでいるから相続税がかかるはず」と調べもせずに勧められるまま保険に加入したり、よく理解していない金融商品に手を出さないように気をつけましょう。

相続税の基礎控除額は、3000万円＋600万円×法定相続人の数です。基礎控除額を超える部分に対して相続税がかかります。たとえば相続人が配偶者と子どもふたりの計3人ならば、3000万円＋1800万円＝4800万円までは相続税がかかりません。預貯金、有価証券、不動産などの合計額がいくらぐらいか試算してみて、明らかに相続税がかかりそうだと思ったら相続専門の税理士に相談しましょう。

※相続税の計算→180ページのURL参照

ト．想いを伝えたい人がいるから

人間関係って難しいですよね。なかなか言えない想いをいつかきちんと伝えたい、悪気はなかったのに言い方が悪くて怒らせてしまった、謝るタイミングを逸してしまった、あの人の立場が悪くならないように自分が何かしなければ……など、解決できていないことを解決する最後にして最大のチャンスが遺言書です。特に「付言」が有効です。「付言」にめいっぱい想いを込めましょう。「付言」を書くとほんとうに気持ちが楽になり「遺言を書いてよかった」と実感できることと思います。

番外編　独身のおじさん、おばさんがいるから

～お願いして書いてもらいましょう～

あなた自身のことではなく、96ページのア～ウのどれか、または複数あてはまるおじさん、おばさんがいる場合は、一度機会を作って老後について話してみましょう。きっと何か思っているはずです。「将来は介護施設に入所するつもりだ」とか「認知症になったらどうしようか不安だ」とか。おじさんおばさんの老後に必ずしもあなたが責任を持つ必要はないかもしれません。けれど、先々、亡くなったときにおじさんおばさんの兄弟姉妹であるあなたの親御さんがお元気なら良いですが、病気や認知症

だったり、亡くなっていたら、甥姪であるあなたも知らないでは済まされません。
ですので、ア〜ウに当てはまるおじさんおばさんがいるなら、じっくり話を聞いた

上で、おじさん（またはおばさん）の老後を心配していることをきちんと伝え、ぜひ遺言を書いてくれるようお願いしてみましょう。

　なぜこんなことを申し上げるかと言いますと、ひとり身で高齢のおじさんやおばさんの面倒をみている甥っ子さん姪っ子さん、意外と多いのです。高齢になって身体が不自由になった人のお世話は、できることなら兄弟姉妹がしたいところですが、兄弟姉妹も介護や看護を必要としていることが多いのです。結果として甥や姪が自分の親の面倒をみながらおじさんおばさんのお世話もするというケースをたくさん見てきました。

　この場合はおじさんおばさんが、甥または

姪と生前事務委任契約・任意後見契約・死後事務委任契約を結ぶことをお勧めします。老後から死後までお世話になり、その代わり死後は財産を甥または姪に遺贈しますという遺言を書くことをお勧めしています。

お世話をするといっても仕事を辞めて介護してくださいという話ではありません。介護施設の入所の手続きをしたり、入院や手術の医療契約をしたり、銀行預金の代理人として管理をしたり亡くなったあとのことを引き受けるということです。

これでおじさんおばさんは安心して余生を過ごすことができますし、あなたもおじさんおばさんを助けることができます。そして亡くなったあと報われます。

実はわたしの好きな言葉に「お互いさまとおかげさま」というのがあります。この2つの言葉をいつも心に持っておけば皆がハッピーに暮らせると信じています。

独身のおじさん、おばさんの老後を助けて遺言を書いてもらうことはまさに「お互いさまとおかげさま」ではないでしょうか。

(4) 遺言に託すメッセージ

遺言書は遺言者から相続人へのメッセージです。メッセージといわれても、遺産の分け方だけが書かれていたら、一体何が言いたいのかわかりづらいですよね。そこで「付言」の出番です。なぜこの分け方になったのか、その理由を「付言」に込めることにより、相続人の納得が得られたり、行動を促したりできるとわたしは考えています。

魂を込めた「付言」を書くことにより、遺言者のメッセージが相続人に伝わって、以下の4つのことが可能になります。

ア．特に伝えたい大切な情報を強調することができる。

イ．生前伝えきれなかった想いを伝えることができる。

ウ．特定の行動を促したり注意を喚起することができる。

エ．最後のあいさつとして遺言書をきれいに締めくくることができる。

法的な効力がないはずの「付言」ですが、遺言者と相続人の間で案外大きな役割を果たすことがおわかりいただけるのではないでしょうか。

（5）自筆証書遺言とは

遺言書には、自筆証書遺言と公正証書遺言があります。公正証書遺言は、公証役場で、公証人に作ってもらう遺言書です。自宅や病院まで公証人に出張してもらうこともできます。安全確実ですので、できれば公正証書の遺言が望ましいのですが、ごく単純な内容であれば自筆証書遺言でも十分役を果たせます。本書では初心者のために自筆証書遺言の書き方を重点的にお伝えしていきます。

自筆証書遺言は、全文自分で手書きする遺言書で、決まりごとは民法968条（※）で定められています。要件は以下の通りです。

①全文・日付・氏名を自分で書く。

②印を押す。（認印でよい）

以上です。

あれ？　それだけ？　封筒に入れて「遺言書」と書いて、封をするんじゃないの？と思われるかもしれませんが、実は封入や封緘は法律で定められているわけではありません。「封筒に入れて遺言書と書けばわかりやすいだろう」「誰かに見られたら困るから封をしよう」という慣習がいつのまにか既成概念になったのだろうとわたしは想像しています。

※【民法第968条（自筆証書遺言）】

①自筆証書によって遺言をするには、遺言者が、その全文、日付及び氏名を自書し、これに印を押さなければならない。

②前項の規定にかかわらず、自筆証書にこれと一体のものとして相続財産（第997条第1項に規定する場合における同項に規定する権利を含む。）の全部又は一部の目録を添付する場合には、その目録については、自書することを要しない。この場合において、遺言者は、その目録の毎葉（自書によらない記載がその両面にある場合にあっては、その両面）に署名し、印を押さなければならない。

③自筆証書（前項の目録を含む。）中の加除その他の変更は、遺言者が、その場所を指示し、これを変更した旨を付記して特にこれに署名し、かつ、その変更の場所に印を押さなければ、その効力を生じない。

自筆証書遺言はポイントさえ押さえれば意外と簡単です。とはいえ、法律の条文には出てこないルールがいろいろあって、正解があるような、ないような、というところがハードルを高くしているのです。

自筆証書遺言は、自書能力（※）があれば、自分ひとりでいつでもどこでも作成することができます。特別な費用もかからず、遺言者にとって手軽で自由度が高いというメリットがあります。

半面、手軽で自由度が高いがゆえのリスクやデメリットもあります。自分ひとりで作成から保管まで完結できるため、せっかく書いた遺言書をなくしたり、遺言者の死後に発見されずにないものとして遺産分割されてしまうこともあり得ます。遺言書の内容によっては相続人がもめることにもつながりかねません。納得できない相続人が裁判を起こすこともあり得ますし、遺言書で不利になる相続人は、「この遺言書は改ざんされたものではないか」と疑念を持つかもしれません。あるいは遺言書の書き方によっては無効になってしまうおそれもありますので、複雑な内容の場合は自筆証書遺言でなく、公正証書遺言を作ることをお勧めします。

※自書能力とは、個人が自分で手書きできる能力のことを指します。文字を書くことや文章を作成できることなどが含まれます。文章を作成できるということは、そのもとになる思考力があり、自分の考えを文章にできることが前提になりますので、認知能力の一部ということができます。また筆記具を使って文字を書く必要があるため、身体的な運動能力も含まれることになります。

以上のことから、高齢で手が震えたり病気や身体障がいで文字や文章が書けない人は自筆証書遺言書の作成は難しいため、公正証書での遺言を検討した方が良いでしょう。

（6）自筆証書遺言の事例

ア．すべてを配偶者に相続させる

遺　言　書

遺言者 田中正夫は、以下の通り遺言する。
1. 預貯金、現金その他一切の財産を、妻 由子
（大分県別府市中町1番1号，昭和38年8月8日生まれ）に
相続させる。
2. 由子が私より先に死亡した場合は、由子に相続さ
せるとした財産すべてを 社会福祉法人 別府市社会
福祉協議会（住所：大分県別府市湯の町1番1号）
に遺贈する。
3. 遺言執行者に由子を指定する。予備的な執
行者として 行政書士 山下京子（大分県別府市港町
2丁目2番2号，昭和42年4月4日生まれ）を指定する。
付言
遺言に際し、ひと言 申し添えます。
由子さん、長い間お世話になりました。おかげで楽しく
幸せな人生でした。本当にどうもありがとうございました。
万一、由子さんが私より先に旅立ってしまった時は、
私の財産は、地域の福祉に役立てていただきたく、
寄付させていただきます。
皆様のこれまでのご厚情に感謝しております。
さようなら。

令和5年12月12日

大分県別府市石垣南7丁目7番7号
田　中　正　夫 ㊞
昭和35年5月5日生まれ

遺　言　書

遺言者 木村彩子は、以下の通り遺言する。
1. 預貯金・現金の全てを長男・太郎（東京都中央区中央通1丁目1番1号、昭和45年5月5日生まれ）に相続させる。長男・太郎はその中から葬儀代を支払って下さい。
2. 不動産その他一切を長女・花子（大阪府大阪市堂島町2丁目2番2号，昭和47年7月7日生まれ）に相続させる。
3. 太郎が私より先に死亡した場合は全てを花子に、花子が私より先に死亡した場合は全てを太郎に相続させる。
4. 遺言執行者に太郎を指定する。予備的な執行者として花子を指定する。
付言
遺言するにあたり、お伝えしたいことがあります。

太郎さんと花子さんがいてくれたおかげで、私は安心して老後を過ごすことができました。後顧の憂いなく、天命を全うできることを有難く思っております。

太郎さん、花子さん、これからも兄妹仲良く幸せに暮らして下さい。

皆様お世話になりました。ごきげんよう。

以下余白

令和5年12月12日

大分県大分市幸町3丁目3番3号
木村彩子
昭和20年2月2日生

ウ．相続人で等分に分けて相続させる

遺　言　書

遺言者 吉田佳子は以下の通り遺言する。

1. 私の財産は、預貯金・現金・不動産その他一切を相続人全員で均等に相続させる。不動産は売却し売却代金を等分に相続させるものとする。

2. 遺言執行者として行政書士 山下京子（京都府京都市中央区付言通上ル3番3号、昭和50年5月5日生）を指定する。予備の執行者に行政書士 田中良夫（兵庫県神戸市中央区海岸通り2丁目2番2号、昭和51年8月8日生）を指定する。

付言

遺言に際し、私の考えを説明させていただきます。

私は持病があり、いつも皆さんに助けてもらいました。

私の財産は自宅の土地建物が大半で預貯金はほとんどありません。遺産の分け方で家族に迷惑をかけたくないので、家を売って換金の上、相続人全員で均等に分けて下さい。

皆さん、ありがとうございました。さようなら。

以下余白

令和5年7月10日

兵庫県神戸市北区高倉台1丁目1番1号

吉田佳子 ㊞

昭和15年10月10日生

遺　言　書

遺言者 山本弘子は以下の通り遺言する。

1. 私名義の預貯金・現金・不動産・有価証券その他一切の財産は全て佐藤伸子氏（住所：福岡県福岡市博多区天神2番2号，昭和38年2月8日生）に遺贈する。

2. 遺贈の条件として，佐藤伸子氏は山本弘子の死後事務と葬儀等一切を行うこととする。

3. 佐藤伸子氏が私より先に死亡した場合は，佐藤伸子氏に遺贈するとした財産はすべて中村明美氏（福岡県福岡市大名3番3号，昭和39年3月9日生）に遺贈する。遺贈の条件も同様とする。

4. 遺言執行者に佐藤伸子氏を指定し，予備的な執行者として中村明美氏を指定する。

付言

この遺言書を読む方にお願いがございます。

私には夫も子もなく，親類縁者は皆遠方在住のため，お友達の佐藤伸子さん，中村明美さんに全てをお願いすることにしました。伸子さん，明美さん，よろしくお願い致します。相続人には残すものがありませんが，ご理解下さい。

それでは皆様，ごきげんよう。

令和5年10月10日

福岡県福岡市薬院8番8号

山本 弘子

（昭和26年2月26日生）

(7) 書く手順

ア.「付言」を下書きする

第4章(3)「付言」の書き方に従って下書きします。メモ用紙でもノートでもいいので、書き出し、主文、結びの3つに分けて書きましょう。

イ.「遺言書」の本文を下書きする

以下の構成で下書きしましょう。

タイトル「遺言書」

書き出し「遺言者○○○○は、以下の通り遺言する。」

(姓名は漢字を略さず旧字体にも注意して戸籍通りに書きます)

本　文

「所有する不動産はすべて妻○○○○(住所、生年月日)に相続させる。

預貯金の2分の1を長女○○○○(住所、生年月日)に相続させる。

預貯金の残り2分の1を長男○○○○(住所、生年月日)に相続させる。

その他の一切の財産は妻〇〇〇〇（住所、生年月日）に相続させる。
※住所や生年月日は法律で決められているわけではありませんが、人物を特定しやすくするために書くことをお勧めします。調べてもわからなければ省略しましょう。

〈予備遺言〉

妻が私より先に死亡した場合は、妻に相続させるとした不動産とその他一切の財産をすべて長女に相続させる。長女が私より先に死亡した場合は、長女に相続させるとした預貯金をすべて長男に相続させる。

〈遺言執行者と予備の執行者を指定する〉

遺言執行者に長女〇〇〇〇を指定する。予備の執行者として長男〇〇〇〇を指定する。」


本文はできるだけ簡潔に書きましょう。1文は短い方がわかりやすいです。不動産や銀行口座を細かく書くと書き間違いや書き漏れなどのリスクがあります。また、書いたあとで不動産や口座が増えた時に対応できませんので、できるだけ大まかに書くことをお薦めします。

付　言「（書き出し）付言することを宣言する。
（主文）遺言の理由を思いやりを込めて述べる。
（結び）品位ある温かいあいさつで締めくくる。」
署名押印「遺言の年月日・遺言する人の住所・氏名・生年月日・印（認印でよい）」

ウ．道具を用意する

下書きができてからでよいので、道具を用意します。遺言書の専用用紙が書店や文具店で数百円から千円程度で販売されています。それを購入するのも良いですが、特にこだわる必要はないので、家にある便箋かＡ４のコピー用紙でかまいません。大きさに決まりはないのでＡ３の用紙でもいいですよ。

本書ではＡ４用紙１枚で収まるものを想定して解説しています。１枚に収まらないときは、公正証書にすることを検討しましょう。

筆記具は黒のボールペンがお勧めです。サインペンは太くて字がつぶれてしまう恐れがあります。万年筆でもよいとされていますが、万一濡れたときににじんで読めなくなる恐れがありますので使わない方がよいと思います。鉛筆やシャープペンシルなど消える筆記具は使ってはいけません。摩擦熱で文字が消えるフリクションペンも使えません。

なお、書き損じたときは、修正テープや修正液で修正せず、新しい用紙に書き直しましょう。

エ．人や財産を特定する

相続人や受遺者（相続人ではないが財産を受け取る人）は明確に特定します。「姓名」（戸籍通りの漢字で旧字体などに注意）、「住所」（住民票通りに）もしくは「本籍」、「生年月日」（西暦でも和暦でも大丈夫です）を書きます。誤字脱字がないよう気をつけましょう。

氏名の間違いが多く見られますので要注意です。住所や本籍は絶対ではありませんが、特定のためにできるだけ書きましょう。結婚や養子縁組などで姓が変わることもあり得るので、手掛かりとして住所や本籍、生年月日や続柄（長女○○）をつけるのがお勧めです。

財産はできるだけ大まかに特定することを本書では推奨しています。たとえば不動産であれば「所有する不動産すべて」「○○市にあるわたし名義の不動産すべて」という具合です。詳しく書いた方が良いだろうと登記簿謄本の通りに書こうとすると、ちょっとした数字の書き間違いなどで無効になってしまうことがあるからです。

銀行口座は複数ある人が多いと思いますが、これもできるだけ大まかに書くことを強くお勧めします。たとえば「預貯金はすべて○○に相続させる」「預貯金の2分の1は○○に相続させる」「普通口座の預金残高は○○に、定期預金口座の残高はすべて△△に相続させる」といった具合です。

なぜなら、たとえばゆうちょ銀行には、普通貯金、総合貯金、定額貯金、定額担保貯金など非常にたくさんの種類があり混乱しやすいからです。またひとつの銀行にいくつも口座を作っている場合もあります。若い頃に作った通帳がどこかにいってしまって口座番号もわからないといったケースです。

口座の持ち主が亡くなり、いざ口座解約という段になって銀行側から「別の支店に同姓同名で生年月日が同じ人の口座があります」と言われることがあります。住所、筆跡、印鑑などで確認して同一人物の口座とわかれば、たとえ残高が少額であっても遺産として計上しなければなりません。（ちなみに最近の例ですと、同じ銀行に別の口座が2つ見つかり、残高は17円と9円でした。)

仮に遺言書に「××銀行　◎◎支店　普通口座　1234567の残高は長男○○に相続させる」と書いてあると、他の口座番号が見つかった場合、別途遺産分割協議をしなければなりません。さきほどの17円と9円のために遺産分割協議書を作って相続人全員が実印を押して印鑑証明書を提出して……となったら、エネルギーと時間がもったいないですね。

本書は1枚で収まる内容の遺言書の書き方をお伝えしています。財産目録は別紙でワープロ打ちや登記簿謄本の写しをそのまま使うことができますが、遺言書本体とステープラーで止めて契印(割り印)をすべての頁に押すことが求められます。作業工程が増えてミスが起きやすいので、このやり方はあまりお勧めできません。所有不動産が複数あり、複数の人に相続させるなど、遺産分割が複雑になるときは公正証書での遺言をお勧めします。

以上のようなことから、人の特定はできるだけきっちりと、財産はできるだけ大まかに特定しましょう。

オ．清書して、日付を書き、署名して、押印する

イの下書きを清書したあと、日付を書いて、署名して、押印したら遺言書完成です。封筒には入れても入れなくても良いです。封筒に入れた方が安心だという方は封筒に入れましょう。のり付けはしてもしなくても良いです。のり付けした封筒を一旦開けたら無効と思っている人が多いのですが、そんなことはありませんので安心してください。

お疲れさまでした。これであなたの遺言書が完成しました。

（8）注意すること

ア．有効な言葉を選ぶ

相続人に遺産を受け取ってもらう場合は「相続させる」。相続人でない人、他人に遺産を受け取ってもらう場合は「遺贈する」といいます。

使い慣れない強い言葉なのでためらうかもしれませんが、「相続させる」「遺贈する」という言葉を必ず使うようにしてください。

たとえば、「実家は太郎さんに任せます」と書いたとします。「太郎さん」とはどこの太郎さんでしょうか？　「実家」とはどの家を指すのでしょう？　所在地がわからない上、土地と建物をあわせて実家と呼んでいるのか建物を指すのかも判然としません。

「任せる」は太郎さんに相続取得させるという意味なのか、太郎さん以外のだれかの名義に変更してあげる手続きを太郎さんに任せるのか、補修や清掃などの維持管理をお願いするという意味なのかわからないですよね。遺言書なんだからあげるに決まってると言いたいところですが、いくつもの解釈ができてしまうあいまいな表現は避けなければいけません。

わたしが書くとしたら「木本直美名義の土地建物はすべて長男太郎（住所・生年月日）に相続させる。」とします。ただし不動産を複数所有している場合は、どれを指しているのかわかるように「〇〇市の不動産」という表現を加えてください。

イ．日付は正確に書く

日付は遺言を書いた年月日を正確に書きます。令和〇年〇月〇日または2024年〇月〇日という具合です。5月吉日という書き方は無効ですので、気をつけましょう。

※遺言書は日付の新しいものが優先されます。

ウ．公正証書にすべきか確認する

本書ではコピー用紙1枚に収まる簡単な遺言の書き方を解説しています。不動産や銀行口座、証券口座など財産が多岐にわたり、相続人もたくさん登場する場合や、複雑な内容にせざるを得ない場合は、思わぬところに落とし穴があります。分け方につじつまが合わないところがあったり、割り印を押し忘れたり、内容に記載漏れがあったりすると遺言書そのものが無効になってしまうおそれがあります。そのようなリスクは避けなければなりません。

公正証書にしなければならない公的な基準はありませんが、様々な場面において公正証書の方が安全確実ですので、複雑なものは公正証書にして万全を期すべきです。目安として用紙1枚に収まらないときは公正証書を検討していただきたいと思います。

エ．予備遺言をする

だれに何を相続させるかせっかく決めても、人生何があるかわかりません。考えたくはないですが、相続人が不慮の事故や病気で早逝することが絶対ないとは言い切れません。

万一、相続させる（遺贈する）と遺言に書いた人が、遺言した人より先に亡くなってしまった場合、亡くなった人が相続するはずだった遺産は宙に浮いてしまいます。その部分だけ改めて相続人全員で遺産分割協議をする羽目になります。遺言書があれば相続手続きは比較的スムーズに済むはずなのに、これでは二度手間でかえって面倒です。

このような事態を避けるため、遺言を書くときはぜひ、予備の遺言をしましょう。予備遺言とは、相続人（または受贈者）が遺言者よりも先に亡くなった場合、その分をだれに相続させるか（遺贈するか）を決めて、遺言に書いておくことです。

忘れないように予備遺言をしましょう。

オ．遺言執行者を指定する

これも重要です。遺言執行者とは、遺言書に書かれている通りに受け取るべき人に遺産を手渡す人です。相続人の中のだれかを指定しても良いですし、専門家に依頼することもできます。執行者は必要な証明書を集めたり、銀行の窓口で口座を解約したり、不動産の名義変更をするなどやることが多く、かなりの負担になりますので、できれば高齢の人は避ける方が賢明です。

そして特に、遺贈がある場合は必ず指定してください。なぜなら執行者が指定されていないと、責任をもって受贈者に遺産を渡す人がいないため、実行される保証がないからです。繰り返しになりますが、遺贈がある場合は、必ず執行者を指定しましょう。そして念のため予備の執行者もあわせて指定しておきましょう。

カ．貸金庫・鉱泉地・太陽光発電装置の有無を確認する

銀行の貸金庫を利用している人は、死後だれに開扉する権利を与えるか決めて遺言書で明らかにしておきましょう。

温泉地特有ですが、不動産に鉱泉地がある場合は、温泉採取権についてもだれに相続させるか明記しましょう。もちろんひとりに双方を相続させることもできます。温泉採取権はよく忘れられるので注意が必要です。

最近増えている太陽光発電装置がある場合も忘れずに記載しましょう。

（9）遺言でできる意外なこと：条件付きにできる

先にも書きましたが、遺言ではただ相続させる、遺贈するだけでなく、「○○をしてくれたら△△をあげる（＝○○してくれなければ△△はあげない）」という条件を付けることができます。

「わたしが死ぬまで同居して介護してくれたら、わたしの財産をすべて相続させる」とか「○○にわたしの財産を遺贈する。ただしわたしの葬儀と遺品整理をすることを条件とする」という具合です。これなら「遺言を書いた途端に用済みになって粗末に扱われるのではないか」という不安から解放されますね。

（10）遺言との意外なつきあい方：毎年の恒例行事にする

遺言はできるだけ早いうちに書くことをお勧めします。「今はまだ元気だから書く気がしない」という人が多いのですが、心身が健康で頭脳も明晰な今だからこそ、先を見越した良い遺言が書けるのです。

認知症になってしまったら書けませんし、認知症ではなくても何か重大な病気がわかってからでは「お母さん、そろそろ遺言を書いた方がいいんじゃない？」とは家族も言い出しづらいものです。だからこそ、今のうちに自分の意志で書きましょう。

とはいえ人の気持ちは移ろうものですから、気が変わったら書き直せばよいのです。

たとえば、遺影撮影と最新の遺言を書くことをお正月の恒例行事にしてはいかがでしょうか？「新年をまた無事に迎えることができた。今年も元気でがんばるぞ」と力が湧いてくるかもしれませんよ。

(11) よくある間違いなど

「自筆証書遺言を書いたので添削してほしい」という依頼を受けることが仕事上よくあります。書かれたものを拝見しますと、たくさんの問題点が目につきます。その例を以下に掲載しますので、参考にしてください。

ア. 誤字脱字がある

日頃あまり文字を書く習慣がない人にとって、はじめて遺言を書くのは相当に骨の折れる作業です。緊張もします。遺言の解釈に影響する書き間違い、たとえば人の名前の漢字が違っていたり生年月日が間違えていたり、不動産の番地や面積の間違いなどは致命的ですので、注意して書きましょう。

イ. 長過ぎる

これまで拝見した中で最も長いのはA4用紙10枚に及ぶ大作でした。達筆で丁寧な言葉づかいで丹精込めて書かれていました。たいへんな時間と手間がかかっており感嘆しました。

けれど、長くなればなるほど本旨があいまいになりがちです。ご自身の生い立ちや思い出話、奥様名義の土地をだれに相続させるかということまで書かれていました。妻名義の土地については、たとえお金を支払ったのが夫だとしても夫が遺言することはできません。

人生で多くの経験を積み重ねて来られたわけですから、書くべきことがたくさんあると思います。遺言書は1枚にまとめ、ご自身の歴史や物語は別途自分史を執筆すると良いですね。

ウ．遺産に漏れがある

遺言書に遺産の一覧が書かれている場合や遺産目録が添付されている場合、万一書き漏れがあると、その部分についてだけ遺産分割協議をする羽目になります。また銀行口座を列記して遺言書を作成したあとに、新しく口座を開いてしまった場合も、その口座についてだけ改めて遺産分割協議をすることになります。せっかくの気遣いが仇になってしまっては残念ですね。

また不動産をいくつも所有している人は、ワードやエクセルで一覧表を作って添付してもかまいませんし、登記簿謄本をつけることもできます。気がかりなのは、未登記の不動産がかなりの割合で存在するということです。まさかと思われるかもしれませんが、案外多いのです。たとえば家を建てたあとで作った物置や物干し台、増築部分の登記をしないまま忘れていたという事例は結構あります。この場合、やはり未登記の部分について別途遺産分割協議をすることになります。

家族もすべての不動産を把握しているとは限りません。先祖代々受け継いでいる山林を知らないうちに相続していることもあります。空き家問題でよくあるのが、遠い親戚の不動産を何人もの親族が知らないうちに相続して共有状態になってしまっているケースです。また固定資産税がかからないような小さな土地だと存在自体を知らないまま相続してしまっていることもあります。不運にも何かの拍子に発覚したら、たいへん面倒な手続きをする羽目になります。

遺言においてこのような困りごとを少しでも減らすためには、不動産をいちいち列記せず、「○○市に所有する不動産はすべて長男に相続させ、その他の不動産はすべて長女に相続させる」というふうに大きなくくりにすることをお勧めします。

このような事例は本人にはなんの責任もないのですが、後々のトラブル予防に有効です。

(12) 公正証書遺言とは

ア．公正証書遺言のメリット・デメリット

メリットはなんといっても安心、確実であることです。法的な問題がないので、人からとやかく言われる心配がほとんどなく、自信をもってお勧めできます。デメリットをあえていうなら、手間と費用がかかることです。ただそのデメリットを補って余りあるメリットがあることを重ねてお伝えしておきます。

イ．公正証書にした方が良いケース

ひとりでも多くの人に遺言を書いてもらいたいとわたしは常々思っています。多くの場合、用紙1枚の自筆証書遺言でこと足りますが、公正証書遺言にした方が良い人もいます。ではどんな人や場合に公正証書遺言を選ぶべきなのでしょうか。

・不動産が複数ある。
・遺産の種類や金額が多い。
・相続人でない人に遺贈したい。
・複数の相続人に細かく分けたい。
・相続人の中に協力的でない人がいる。

右記のような場合は公正証書遺言にすることをお勧めします。

ウ．公正証書遺言にする方法

公正証書遺言を作成するためにはまず公証役場に電話して打合せの予約をします。

予約した日時に公証役場に出向き、内容や用意するもの、日程などについて打合せをします。

以下のウエブサイトで最寄りの公証役場を探してください。

※公証役場一覧→180ページのURL参照

後日、手数料の連絡がありますので支払いの準備をします。手数料は公証役場の決まりに従って計算されます。詳しくは公証役場にお尋ねください。

事前に証明書類を提出します。公正証書作成当日、公証役場に行き、遺言書を作成します。手数料は作成当日、現金で支払うのが一般的ですが、クレ

ジット決済や振込みでの支払いも可能です。当日は立会い証人2名が必要です。事前に依頼しておけば公証人が自宅や病院、介護施設などまで出張してくれることもあります。出張してもらいたいと思ったら公証役場に相談してみましょう。
※立会い証人は、利害関係のない第三者の成人ならだれでもなることができます。
※立会い証人が見つからないときは、公証役場に依頼すれば有償で手配してくれます。

第 6 章

ステップ3
「遺言」を書いたあとのこと

さあ、遺言を書いたら、保管する段階に進みましょう。遺言書は封筒に入れてのり付けすることは義務ではありません。ただ他の書類に紛れてどこにいったかわからなくなったら困ります。また無防備な状態で遺言を保管すると、だれかにことわりなく読まれてしまう恐れもあります。悪意のある人に変造されたり、隠されてしまう可能性もないとはいえません。うっかりお茶をこぼして汚れてしまうこともあり得ます。そのような事故に遭わないようしっかり守りたいですね。

そのためにもまず、しっかりした封筒に入れ、どこかに「遺言書」と書いておくことが望ましいです。封はしなくても大丈夫です。色付き厚手の封筒、あるいはA4サイズの大きな封筒だと目立つので良いかもしれません。

それから、こんな経験はありませんか？　大事な書類をどこかにきちんと収納したはずなのに、どこに入れたかわからなくなってしまった……焦りますよね。重要な書類ですから、いざというときにすぐ探し出せるところに置いておくのが鉄則です。それは自宅とは限りません。遺言の内容も考えた上で、安心できる保管場所・保管方法を見つけて託しましょう。

(1) 自筆証書遺言を託す

自筆証書遺言は書いたら終わりではありません。大きな仕事があとひとつ残っています。

苦心してやっと完成した遺言書が最善のタイミングで発見され、読むべき人に読んでもらえるように、そして書いた人の願いが届くべき人に届き確実に実行されるために、どこにどのように保管するのか、あるいはだれに託すのかを、書いた人自身が決めなくてはならないからです。

そこで判断の基準になるヒントを左記にア～クまで8種類用意しました。ひと通り読んで、ご自身の状況や考え、そして遺言書の内容に一番ふさわしい保管場所や託す人を決めましょう。それでもどうしても決められないときは、クをお勧めしますので熟読してください。

ア．自宅で保管する
イ．貸金庫で保管する
ウ．相続人に託す
エ．信頼できる知人に託す

オ．法務局の自筆証書遺言書保管制度を利用する
カ．専門家に託す
キ．遺言執行者に託す
ク．託す人が見つからない

ア．自宅で保管する

遺言書を自宅で保管している人が多いと思います。金庫、仏壇、神棚、冷蔵庫（笑）、家計簿や通帳と一緒に書類ケースに。本棚に日記帳やエンディングノートと一緒に保管している人もいます。遺言書が必要になるときは、あなたにもしものことがあったときですから、あまりに探しにくい場所だと、発見されないまま遺産分割協議が行われてしまう恐れがあります。遺言を書いたら、配偶者やお子さん、または信用できる人に「遺言書はここに保管してあるから、よろしくお願いします」と伝えておきます。ただ遺言書の保管場所を人に明かすのは不安もあります。

なぜなら、遺言書は主に法定とは違う分け方をしたいときに書くものですから、たまたま遺言上で不利な人が見てしまったら、魔が差して「隠しちゃおう」「こっそり捨ててやろう」「いっそのこと書きかえてしまおうか」などと思うかもしれません。

そのようなことを避けるために、できれば自宅以外で安心な人や場所に託すことが望ましいと思います。

イ．貸金庫で保管する

あなたがもし貸金庫を利用しているなら、そこに入れておくのが安全で安心です。ただしあなたにもしものことがあった際、早いタイミングで開扉して遺言書を取り出す必要があります。遺言書を読む前に遺産分割協議が行われてしまう可能性があるからです。

貸金庫を契約する際、借主と別にもう1名、開扉できる人を指定したはずです。その人に「貸金庫に遺言書が入っているから、わたしが死んだらすぐに遺言書を取り出して遺言執行者に渡してください」とお願いしておきましょう。

ウ．相続人に託す

たとえばあなたの相続人が配偶者と長女のふたりで、配偶者と長女に法定通りに相続させるという遺言であれば、長女に預けるのは良い選択です。いざというとき若い人の方が身軽に動けるからです。相続人が長女と二女のふたりで、長女に多く相続させる遺言の場合も、長女に預けた方が良いでしょう。

エ．信頼できる知人に託す

友人知人のうち、あなたが信頼している人に預かってもらうのも選択肢としてあります。しかし、あまりお勧めはしません。たとえば地元の民生委員や自治会長さんなどにお願いするのはやめておきましょう。お役目を引き受けている人は有期です。また、遺言書という超重要書類を預かるのは責任重大で精神的負担が大きく申し訳ないからです。「万一、火事になって焼けてしまったらどうしよう」「紛失してしまったらどうしよう」と気が気ではないでしょうから。

また預ける人はあなたより明らかに長生きしそうな年下の人にお願いしましょう。遺言を書いたあなたより先に預けた人が認知症になったり先に亡くなってしまったら、保管してもらうどころか返してもらうことも難しくなります。

なお、親切で預かってくれる場合でも、有償の場合は、善管注意義務（※）があります。

※ 善管注意義務とは

「善良な管理者の注意義務」の略で、受託者が事務等の管理を行う場合には、当該職業または地位にある人として通常要求される程度の注意義務を払うこととされています。

有償で保管をお願いした場合や、無償であってもプロに依頼した場合は、自己の財産を管理する場合よりも注意深く管理しなければならないのです。

オ．法務局の自筆証書遺言書保管制度を利用する

令和2年7月から始まった自筆証書遺言書保管制度は、令和2年7月は保管件数2586件でスタートしました。その後、増えたり減ったりしながら徐々に落ち着いて来て、令和5年6月は全国で1591件が新たに保管されています。制度開始から令和5年6月までに累計55801件の自筆証書遺言書が法務局で保管されています。

この制度で法務局が保管するのは、民法第968条の自筆証書によってした遺言に係る「遺言書」です。

〈自筆証書遺言書保管制度とは〉

自筆証書遺言書保管制度は、法務省が提供するサービスです。自分で手書きした遺言書を法務局に預けて保管してもらう制度です。

この制度が求められる理由として「法務局が、遺言者が作成した遺言書について、民法第968条が定める方式に適合しているか、外形的な確認をした上でお預かりすることにより、手軽で自由度が高いというメリットを損なうことなく、紛失や改ざん、方式不備による無効というデメリットを解消することが可能となります。」とあります。

利用方法について以下にまとめてみました（法務省だより　あかれんが　Vol.69「制度の概要」の項より引用）↓180ページのURL参照

1．制度の概要

自筆証書遺言書保管制度は、被相続人が自らの手で作成した遺言書を法務局に提出し、法務局が遺言書を保管するしくみです。遺言書の保管により、遺言書の紛失や改ざんを防止し、相続手続きの際に遺言書が効力を持つことを確保します。

2．利用方法
制度を利用するには3通りのやり方がありますので、住んでいる地域や時間的、体力的な条件を考慮して利用してください。
①本人が法務局に直接遺言書を提出する。
②郵送によって遺言書を法務局に提出する。
③代理人を通じて遺言書を法務局に提出する。

3．保管期間
遺言書の保管期間は、原本については遺言者が死亡した日から50年間、電子データとして遺言者死亡から150年間と長期ですので、その点安心です。

4．利用のメリット
①遺言書が紛失・破損するリスクがなくなり、改ざんされるおそれもなくなります。
②検認（※）をしなくて良いので、遺族や関係者の負担が軽くなります。
③遺言書として法的な効力が認められますので、遺言の内容が確実に実行されます。
④遺言書の有無や本物かどうかについて遺族や関係者がもめずに済みます。

⑤保管された事実で有効性が認められるので、遺言書の効力が法的に保証されます。

※検認とは

相続人に対し遺言の存在およびその内容を知らせるとともに、遺言書の形状、加除訂正の状態、日付、署名など検認の日現在における遺言書の内容を明確にして、遺言書の偽造・変造を防止するための手続きです。遺言の有効・無効を判断する手続きではありません。

5．注意点と要件

まず自筆証書遺言の基本原則ですが、遺言書の本文はすべて遺言者本人（被相続人）が手書きしたものでなければなりません。財産目録としてワープロなどで作成した書類を添付する場合は、それらのすべての頁に割り印をしなければなりません。遺言書の内容が具体的で明確でなければならないことには変わりないので、用語や表現方法には気を配りましょう。

ここで気をつけなければならないことがあります。先ほど出て来た法務省だよりの解説文を参考にしながら解説します。

この制度が求められる理由として「法務局が、遺言者が作成した遺言書について、民法第968条が定める方式に適合しているか、**外形的な確認をした上でお預かりすることにより、**手軽で自由度が高いというメリットを損なうことなく、紛失や改ざん、方式不備による無効というデメリットを解消することが可能となります。」とあります。

外形的な確認とはどういうことかというと、自筆証書遺言書に限れば、

①手書きであるか（本文はすべて手書きしなければなりません）
②作成日時が正しく書かれているか（吉日などは認められません）
③提出する人が遺言者本人か（なりすましを防止するため）
④添付書類が正しく添付され正しく押印されているか

などが外形的な確認にあたると考えられます。

つまり外形的な確認とは、遺言書としての体裁が整っているか、法律上、遺言書として認められるかどうかをみることです。

将来、遺言者が亡くなって、いざ相続手続きをしようという段になって、困ったことにならないかという点までは確認されませんし、また、かゆいところに手が届く遺言書、相続人や相続しない人に対する配慮が行き届いた心のこもった遺言書かどうかは、法務局の担当官は判断しません。

6．利用の流れ

①遺言書の作成……遺言書を遺言者（被相続人）が自ら手書きで作成します。

②提出手続き……遺言書を法務局に提出します。提出時には本人確認が必要です。

7．保管の費用

自筆証書遺言書1通につき3900円です。

その他の費用は法務省のホームページに説明がありますので参照ください。

※自筆証書遺言書保管の手数料↓180ページのURL参照

8．参考資料

法務局が遺言書を預かってくれるので信頼性、確実性にすぐれており、利用を検討してみるのも選択肢のひとつです。

※ 遺言書保管制度の利用状況（2023年度6月月次報告）↓180ページのURL参照

利用方法はわかりやすい解説が尽くされていますが、制度の概要を理解して利用するところまでの一連の作業は慣れない人には楽ではありません。特に高齢者には難しく感じられるかもしれませんので、わかりやすく動画で解説されたページ（「あなたの最後の手紙を守ります〜自筆証書遺言書保管制度」）をご紹介します。

※ 自筆証書遺言書保管制度に関する政府の動画↓180ページのURL参照

カ．専門家に託す

ここで少し方向性を替えて考えてみます。書いた遺言書を自分の管理下で保管する方法としては、自宅または貸金庫がありました。

自分以外の管理下に置く方法としては、家族や知人に預ける方法と法務局に保管してもらう方法があることをお伝えしてきましたが、一個人に預ける場合、多少の不安があります。

預かってくれた人の健康状態や寿命をコントロールすることも予測することもできません。またどのように保管してくれるのかは相手任せにならざるを得ず、こちらの期待通りになるという保証はありません。遺言書という重要書類を預けるには少し不安があります。

では、法務局の『自筆証書遺言書保管制度』はどうでしょうか。管理費を支払って確認過程を経て、厳重に管理、保管してくれます。安心度は抜群です。ただし融通の利かない点はあります。当然ながら休日や夜間は対応してもらえません。安心確実と融通はトレードオフの関係にあるといえそうです。

参考までにわたしが預り保管する際は、銀行にわたしが借りている貸金庫で保管して安全を確保しています。

キ．遺言執行者に託す

遺言執行者を指定しているなら、執行者に託すのはお勧めです。遺言執行者には遺言の内容を執行する義務と責任があります。いわば遺言者の絶対的な味方です。遺言書を執行者に託しておけば、いざというとき迅速に遺言執行に取りかかってもらえます。

ク. 託す人が見つからない

いくら探しても託す相手が見当たらないときは、公正証書遺言を検討しましょう。手間や費用はかかりますが、あとの安心を考えれば納得できるはずです。公証役場は敷居が高いと思う人は、行政などが開催している相談会に行き、専門家に相談してみることをお勧めします。

(2) 公正証書遺言を託す

公正証書遺言の優れている点のひとつは保管の心配がないことです。原本が公証役場で保管されるからです。あわせてデジタルデータも保存されますので、半永久的に保存されると考えて大丈夫です。よって、紛失や盗難、改ざんのほか、火災による消失や水害による汚損や棄損などさまざまなリスクを回避して、公証役場という安全な場所に無料で長期間保管してくれるのですから、こんなありがたいことはないですね。

（3）遺言書は何度でも書きかえることができる

ア．遺言書を書きかえるとき

遺言書は自筆証書にしろ公正証書にしろ、日付の新しいものが有効です。新しいものの範囲が前のものより狭い場合、たとえば前のものは預貯金と不動産について遺言し、今回新しく不動産についてだけ書きかえた場合、預貯金については前の遺言が有効で、不動産については新しい遺言が有効になります。

前に書いた遺言を一旦白紙にしたいときは、「前に書いた遺言はすべて無効とする」と最初に宣言してから、新しい遺言を書き始めましょう。

イ．公正証書遺言（遺言公正証書）を書きかえるとき

公正証書遺言を自筆証書遺言で書きかえることもできますし、取り消しもできます。実際には、遺言の効力が争いになったときのことを考えて書きかえや取り消しも公正証書遺言でする人もいます。

公正証書遺言を自筆証書遺言で取り消すときは冒頭に「公証人○○○○が令和○○年○○月○○日作成の令和○○年第○○号遺言公正証書は無効とする」と書くと確実

です。

部分的な書きかえもできます。前の遺言書も有効ですが、新たに書きかえた部分だけが上書き修正されるイメージです。前に作成した公正証書をもって公証役場に行き「この遺言書のココを書きかえたい」と説明しましょう。

おわりに

わたしがこの本を届けたい相手とは

わたしがこの本を書こうと思ったきっかけは、ひとりの女性との出会いでした。相続手続きの相談に夫とふたりでやって来たその女性は3ヶ月ほど前にお母さんを亡くし、かなり憔悴しているように見えました。

彼女はこの約10年間、ご主人と一緒にお母さんを自宅で介護したそうです。家中に手すりを設置し、車椅子で移動できるよう室内はバリアフリーに、玄関前の階段はスロープにリフォームしました。お母さんが癌になったときの医療費は娘さん夫婦が支払ったそうです。

このお母さん幸せだなと思いました。10年間自宅で介護してもらい、最期は自宅で娘さんに看取ってもらったのです。お母さんはきっと娘さん夫婦に感謝しながら旅立たれたことでしょう。

でも、それにしてはふたりとも浮かない顔をしています。不思議に思っていると「実は弟がいるのですが……」と口ごもってしまいました。聞けば弟さんとは若い頃から疎遠で、今どこでどうしているのかさえわからない。もう30年間も音信不通だといいます。それで相続手続きをどうしたらよいかわからず相談に来たのでした。

弟さんの住所は調べたらすぐわかりました。相続手続きの書類に手紙を添えて出しましたが、1ヶ月経ってもまったく反応がありません。今度は「お伝えしたいことがありますので、連絡をいただけますか?」という趣旨の手紙を出しました。2週間ほど経った頃、ようやく弟さんと電話で話すことができました。

弟さんは結婚して子宝にも恵まれ、幸せに暮らしている様子が電話を通して伝わってきました。ところがお母さんの話になると、なぜか口をつぐんでしまうのです。何度か電話で話すうちわかってきたのは、弟さんはお母さんやお姉さんと折り合いが悪く、物心ついてからというもの可愛がってもらった記憶が全くないということでした。お母さんが亡くなったことも自分は知らないし、なぜ協力しないといけないのかと心を閉ざしていました。

どうにか30年ぶりに姉弟が再会して遺産分割の話し合いをしたまではよかったのですが、お姉さんが提案した2分の1ずつではどうしても納得できないと最後まで一歩も譲りません。最終的にお姉さんが4割、弟さんが6割を相続し、葬儀費用はお姉さんが負担することになりました。

お姉さんはお母さんと10年間を共に過ごし、濃密な母娘の時間を過ごすことができて幸せだったと思います。弟さんが得られなかったものを得たとは思います。それでも、お姉さんが葬儀費用などを負担した上で4割というのは、どうも釈然としません。そしてそれは「お母さんはどうしたかったんだろう？」という疑問が解決できてないからだと気づきました。

お姉さんはお母さんのお世話をしました。弟さんは幼い頃の寂しさが消えませんでした。母娘の関係も姉弟の関係も、外からではわかりません。他人がとやかく口出しすることでもないのですが、もし意見を言わせてもらえるなら、お母さんの財産を死後だれにどのように渡すのかは、お母さんが決めるのが一番だと思うのです。お母さんが遺言を書いてくれていれば、少しは違った結果になったかもしれません。そしてできることならお母さんには、お姉さんへの「介護してくれてありがとう」、弟さんには「あなたのことを大事に思っている」と「付言」で伝えていただきたかったのです。

遺言書は「言を遺す書」です。想いを言葉にして、死後に遺す書類です。財産をどう分けるかが書かれているだけのものではありません。どう分けたいか、なぜこの分け方なのかという想いが最初にあります。伝えたい想いがあっても、遺言書という形にしなければ伝えることができないから書くのです。想いから発すればどのように分けるのかおのずと決まります。そして、付言で明らかにした想いと本文で示された分け方が合致していれば、相続する人は納得して受け入れやすいのではないでしょうか。

この姉弟はこの先仲直りできるでしょうか。お姉さんは分け方に納得できずもやもやしたまま、弟さんはお母さんへの寂寥の念を断ち切れずもやもやしたまま、この先もずっと距離が縮まらないままかもしれません。お母さんとしても子どもたちに問題を残したまま旅立つのは無念だったろうと思うのです。

こんな思いをしなくて済むよう、このお母さんには遺言を書いていただきたかったです。そして後顧の憂いなく安らかなゴールを迎えていただきたかった。ひとりでも多くの人に遺言を書いてもらいたいです。そして、遺言を書くときにはぜひ、心のこもった「付言」を添えていただきたいと願ってやみません。

みなさん、最後まで読んで下さり、ありがとうございました。

それでは　ごきげんよう。

行政書士　木本直美

参考書籍

奥田周年・黒澤史津乃・太田垣章子『家族に頼らないおひとりさまの終活』ビジネス教育出版社
杉谷範子『認知症の親の介護に困らない「家族信託」の本』大和出版
鈴木和宏『家族が認知症になる前に準備する相続の本』ファーストプレス
廣田龍介『スッキリ相続への道　39のキーワード応用編と25の相続事例から読み解く』方丈社
菅原信一『誰も知らなかった相続の真実』現代書林
藤戸康雄『「負動産」時代の危ない実家相続』時事通信社
山田和美『「きちんとした、もめない遺言書」の書き方・のこし方』日本実業出版社
東向勲『70歳までに知っておきたい！　認知症でも困らない財産管理の方法』同友館
堀口敦史『家族に迷惑をかけないために今、自分でやっておきたい相続対策』同文舘出版
佐藤正明『大切な人が亡くなった後の手続き完全ガイド』高橋書店
島田雄左『家族信託の教科書　第2版』税務経理協会
税理士法人山田&パートナーズほか『介護等に貢献した娘・息子・嫁・婿、配偶者のためのあたらしい相続のかたち』日本法令
吉野敏明ほか『本当に正しい医療が、終活を変える』かざひの文庫

福田亮『相続は遺言書で9割決まる!』Clover出版
近藤誠『どうせ死ぬなら自宅がいい』エクスナレッジ
羽柴研吾『空き家の法律問題と実務対応』清文社
本田桂子(監修)『思いをつなぐエンディングノートセット』宝島社
竹内豊『親に気持ちよく遺言書を準備してもらう本』日本実業出版社
三村麻子ほか『親が死んだ5分後にあなたがしなければならないこと』永岡書店
認知症の人と家族の会(監修)『認知症になった家族との暮らしかた』ナツメ社
見田村元宣『金持ちファミリーの「相続税」対策 ここを見逃すな!』すばる舎
石飛幸三『平穏死という生きかた』幻冬舎
島田雄左ほか『おひとりさまの死後事務委任』税務経理協会
松本明子『実家じまい終わらせました!』祥伝社
ごんおばちゃま『あした死んでもいい身辺整理』興陽館
後閑愛実『終活! 送る人送られる人もホッと満足できる本』明日香出版社
宮本顕二ほか『欧米に寝たきり老人はいない』中央公論新社
西原崇ほか『あなたも必ず経験する相続のことがマンガで3時間でわかる本』明日香出版社
本田桂子『あなたと家族のためのエンディングノート』日本実業出版社

木村榮治『遺品整理士が教える遺す技術と片付けの極意』メイツ出版
酒井富士子『おひとりさまの終活準備Book』三笠書房
比留田薫『令和版　遺言の書き方と相続・贈与』主婦の友社
大村大次郎『コミック版　やってはいけない老後対策』小学館
井戸美枝『一般論はもういいので、私の老後のお金「答え」をください！』日経ＢＰ
堀川末子ほか『成年後見のことならこの1冊』自由国民社
児島明日美ほか『今日から成年後見人になりました』自由国民社
國部徹（監修）『いちばん役立つ相続まるわかり　第7版』自由国民社
國部徹（監修）『まるごとわかる遺言と生前贈与　第4版』自由国民社
渋谷幸英『相続した田舎の困った不動産の問題解決します』雷鳥社
相良信一郎『知らないと損するうっかり相続のワナ』ビジネス社
五十嵐明彦『相続で家族がもめないための生前会議の開き方』メディアファクトリー／ＫＡＤＯＫＡＷＡ
天野隆ほか『改訂版　はじめての相続・遺言１００問１００答』アスカ
福﨑剛志ほか『オーナー社長の自社株対策』すばる舎
伊藤俊行『公証人の相談ファイル』つむぎ書房

寺門美和子ほか『別れても相続人』光文社
橘慶太『ぶっちゃけ相続』ダイヤモンド社
岸田康雄『ここまでできる！　富裕層のための相続税対策と資産運用』中央経済社
相続研究会『相続実務のツボとコツがゼッタイにわかる本』秀和システム

《参考URL》

P. 53　遺留分侵害額の請求調停（裁判所HP）
https://www.courts.go.jp/saiban/syurui/syurui_kazi/lkazi_07_26/index.html

P. 122　相続税の計算（国税庁HP）
https://www.nta.go.jp/taxes/shiraberu/taxanswer/sozoku/4152.htm

P. 152　公証役場一覧（日本公証人連合会HP）
https://www.koshonin.gr.jp/list

P. 162　法務省だより あかれんがVol.69
https://www.moj.go.jp/content/001323654.pdf

P. 166　自筆証書遺言書保管の手数料（法務省HP）
https://www.moj.go.jp/MINJI/09.html

P. 167　遺言書保管制度の利用状況（法務省HP）
https://www.moj.go.jp/MINJI/common_igonsyo/pdf/number.pdf

P. 167　自筆証書遺言書保管制度に関する政府の動画
（政府インターネットテレビ）
https://nettv.gov-online.go.jp/prg/prg23314.html

フォーマットは下記QRコードの３種類です。ご自身が使いやすいと思うものをご活用ください。

① Ａ４のコピー紙に、項目別にどれぐらいのスペース配分で書けばよいかを示したものです。最初に大まかなスペース配分のイメージをつかんでおくと、取りかかりやすいです。

② コピー紙の下敷きとして使うフォーマットです。コピー紙を上に重ねてクリップで２枚を重ねて留めるか、または２枚重ねて机の天面に置いてからマスキングテープで固定すると罫線が透けるのでまっすぐ書けます。また行間の目安になります。

③ 直接書き込めるフォーマットです。コピー紙に印刷してお使いください。

※ ①のフォーマットで大体のスペース配分をイメージしてから、③のフォーマットを使って書き始めるのがお勧めです。

【著者プロフィール】

木本直美（きもと・なおみ）

行政書士、大分県行政書士会別府支部支部長

亡くなった父の相続手続きをしていた母が過労で倒れたことから相続の大変さを知った。母のように相続で困っている人の手助けをしたいと思い立ち、法律や不動産の勉強を始め、2015年から相続の相談業務を始める。2018年に遺言相続専門の行政書士事務所を設立。相続案件にかかわるうち遺言書の「付言」の重要性に気づいてからは、遺言者の想いを「付言」で言語化することに力を注いでいる。

カバーデザイン　KASUGA Design Room

カバー・本文イラスト　うしお田さつ

付言実行《ふげんじっこう》

―遺言書に魂を込め幸せ相続を迎えるために

2024年1月31日　初版第1刷発行

著　者　木本　直美

発行者　延對寺　哲

発行所　株式会社 ビジネス教育出版社

〒102-0074　東京都千代田区九段南4－7－13

TEL 03(3221)5361(代表)／FAX 03(3222)7878

E-mail ▶ info@bks.co.jp　URL ▶ https://www.bks.co.jp

印刷・製本／シナノ印刷（株）　本文デザイン・DTP／坪内友季

落丁・乱丁はお取替えします。

ISBN978-4-8283-1049-7